LA POTENZA
DI DIO

*Da che mondo è mondo
non si è mai udito
che uno abbia aperto
gli occhi a uno nato cieco.
Se quest'uomo non fosse da Dio,
non potrebbe far nulla.*

(Giovanni 9:32-33)

LA POTENZA DI DIO

Dott. Jaerock Lee

La Potenza di Dio
Dott. Jaerock Lee
Pubblicato da Urim Book (Rappresentante: Seongnam Vin)
235-3, Guro-dong 3, Guro-gu, Seoul, Corea
www.urimbooks.com

Tutti i diritti riservati. Questo libro o parti di esso non possono essere riprodotte, memorizzate o trasmesse in qualsiasi forma e con nessun mezzo, elettronico, meccanico, di fotocopiatura, registrazione o altro, senza previa autorizzazione scritta dell'editore.

Tutte le citazioni delle Sacre Scritture - se non ove citato - sono menzionate dalla Nuova Riveduta.

Copyright © 2011 del Dott. Jaerock Lee
ISBN: 978-89-7557-428-3

Traduzione copyright © del Dott. Esther Chung

Precedentemente pubblicato in coreano da Urim Books, Seoul, Corea. 2004

Prima edizione Maggio 2011

A cura del Dott. Geumsun Vin
Traduzione in italiano e revisione a cura di Elisabetta Alicino
Progettato dall'ufficio editoriale del Bureau of Books Urim
Per ulteriori informazioni contattare: urimbook@hotmail.com

Prefazione

Prego che per la potenza di Dio creatore e per il vangelo di Gesù Cristo, tutti gli uomini possano sperimentare il lavoro di fuoco dello Spirito Santo.

Rendo grazie a Dio Padre, che ci ha benedetti con la possibilità di pubblicare in una singola opera i messaggi provenienti dall'undicesima edizione, quella del 2003, delle due settimane annuali delle Riunioni Speciali di Risveglio dal tema: "La Potenza di Dio".

Dal 1993 in poi, subito dopo il decimo anniversario della nostra chiesa, attraverso le due settimane annuali delle Riunioni Speciali di Risveglio, Dio ha cominciato a nutrire spiritualmente i membri della Manmin Central Church in modo che potessero appropriarsi della vera fede. Le due settimane annuali delle Riunioni Speciali di Risveglio del 1999 avevano avuto come tema *"Dio è Amore"*, 14 giorni in cui Dio,, attraverso il suo immenso potere, ha benedetto i partecipanti con la profondità del significato del vero vangelo e con una maggiore comprensione della legge dell'amore.

All'alba del nuovo millennio, nel 2000, in modo che molte più persone potessero sperimentare la potenza di Dio, il Creatore, il vangelo di Gesù Cristo e il lavoro di fuoco dello Spirito Santo, Egli ci ha concesso l'opportunità di trasmettere le due settimane delle Riunioni Speciali di Risveglio in diretta in tv, sul satellite Moogoonghwa e su Internet. Nel 2003, hanno preso parte alle due settimane di risveglio circa 300 chiese coreane e centinaia di partecipanti da quindici nazioni.

In queste due settimane, per la sua potenza, Dio ci ha reso più chiaro e più vicino quel processo per cui noi possiamo incontrarlo e riceve la sua autorità, i diversi livelli del suo potere, fino a quello più alto - quello della creazione che va oltre il limite consentito per una creatura umana - ed i luoghi in cui questo potere si manifesta.

La potenza di Dio creatore scende su di un singolo individuo quando inizia a somigliare a Lui, che è luce, non solo, tanto più il credente è uno in spirito con Dio, Egli manifesta in lui la stessa potenza che è stata manifestata in Gesù. Questo perché in Giovanni 15:7, nostro Signore dice: *"Se dimorate in me e le mie parole dimorano in voi, domandate quello che volete e vi sarà fatto."*

Personalmente ho sperimentato la gioia e la felicità della libertà dopo sette anni di agonia e infermità. Dopo aver digiunato e pregato sono stato chiamato a diventare un servitore del Signore. In Marco 9:23 Gesù ci dice: *"Se puoi! Ogni cosa è possibile per chi crede".* Ho creduto e pregato ancorato alla promessa di Gesù: *"In verità, in verità vi dico che chi crede in me farà anch'egli le opere che faccio io; e ne farà di maggiori, perché io me ne vado al Padre."* (Giovanni 14:12). Come risultato, attraverso le due settimane annuali delle Riunioni Speciali di Risveglio, Dio ci ha mostrato segni e prodigi sorprendenti, donandoci anche innumerevoli guarigioni e risposte. Inoltre, durante la seconda settimana delle riunioni di risveglio del 2003, Egli ha incentrato la manifestazione del suo potere sui non vendenti, sui paralitici e sui non udenti.

Sebbene la scienza medica abbia fatto e continui a fare scoperte e progressi, è quasi impossibile per quelli che hanno perso la vista guarire. Dio onnipotente, tuttavia, ha manifestato la sua potenza in modo che è bastato pregare dal pulpito per mettere in azione il potere della creazione per riparare e rinnovare i nervi e le cellule morte, e persone hanno visto, camminato, udito e parlato di nuovo o per la prima volta, infermi si sono alzati, hanno saltato e proseguito sulla loro strada a piedi, colonne spinali sono state raddrizzate, ossa irrigidite sono state slegate, stampelle, bastoni e sedie a rotelle, sono stati gettati via. L'opera miracolosa di Dio trascende il tempo e lo spazio. Infatti, anche le persone che sono intervenute alle riunioni via satellite o tramite internet hanno sperimentato la

Sua potenza. Tutt'ora riceviamo le loro testimonianze. È anche per questo motivo che abbiamo deciso di pubblicare in un solo volume i messaggi proclamati durante le due settimane delle Riunioni Speciali di Risveglio del 2003, in cui attraverso la parola della verità moltissime persone sono nate di nuovo, hanno ricevuto salvezza, risposte, guarigione e sperimentato grandemente la potenza di Dio.

Voglio fare un ringraziamento speciale a Geumsun Vin, il direttore editoriale, a tutto il suo staff e all'ufficio traduzioni per il duro lavoro e l'impegno che hanno dedicato a questo progetto.

Prego nel nome del nostro Signore Gesù Cristo che ciascuno di voi possa sentire la potenza di Dio Creatore, il vangelo di Gesù Cristo, il lavoro di fuoco dello Spirito Santo, la Sua gioia e la Sua felicità traboccanti.

Jaerock Lee

Introduzione

Questo è un libro che non può mancare nella vostra biblioteca personale, è una guida essenziale attraverso la quale il credente impara come possedere la vera fede e come sperimentare la mirabile potenza di Dio.

Rendo ogni grazie e ogni gloria a Dio, che ha reso possibile pubblicare in un singolo volume i messaggi delle due settimane annuali delle Riunioni Risveglio di Risveglio con il Dott. Jaerock Lee, che hanno avuto luogo nel Maggio del 2003. Non potevamo non raccontare di come siamo stati immersi nella totale grande e meravigliosa potenza di Dio.

"*La Potenza di Dio*" vi assorbirà in grazia e intensità! Qui ci sono nove messaggi forti e molte testimonianze di persone che hanno direttamente sperimentato il potere dell'Iddio vivente e il vangelo di Gesù Cristo.

Nel primo messaggio, "*Credere in Dio*", saranno trattate l'identità di Dio, cosa significa credere in Lui, come è possibile per noi incontrarlo e conoscerlo.

Nel secondo messaggio, *"Credere nel Signore"*, il predicatore esplorerà lo scopo dell'arrivo di Gesù sulla terra, per quale ragione solo Lui può essere il nostro Salvatore, e perché possiamo ricevere salvezza e risposte quando crediamo nel Signore Gesù.

Il messaggio numero tre, *"Un vaso più prezioso di un gioiello"*, approfondisce e spiega ciò che occorre per essere un vaso prezioso, nobile e bello agli occhi di Dio e le benedizioni che Egli impartisce sui suoi vasi.

Il messaggio quattro, *"La Luce"*, illustra cos'è la luce spirituale, quello che dobbiamo fare per incontrare Dio che è luce, e le benedizioni che riceveremo quando camminiamo nella luce.

Il quinto messaggio, *"La Potenza della Luce"*, approfondisce la conoscenza dei quattro diversi livelli della potenza di Dio. Come si manifestano attraverso gli esseri umani, i vari colori della luce che li contraddistinguono, comprovati da testimonianze reali di vita e dai diversi tipi di guarigione sperimentati per ogni livello di potenza. In questo capitolo verrà anche introdotto il concetto del potere della creazione - il potere illimitato di Dio - e come ricevere la potenza della luce.

Sulla base del processo per cui il cieco nato è stato guarito dopo l'incontro con Gesù e riportando le testimonianze di un certo numero di persone che hanno ricevuto la vista e sono state guarite da problemi agli occhi, il sesto messaggio, *"Gli occhi dei ciechi si apriranno"*, aiuterà il lettore a rendersi conto in prima persona di quale sia l'entità della potenza di Dio il Creatore.

Nel settimo messaggio, *"Si alzeranno in piedi, salteranno e cammineranno"*, analizzeremo la storia del paralitico che si presenta davanti a Gesù con l'aiuto dei suoi amici. Questo capitolo illumina anche i lettori sulle azioni di fede che Dio richiede al fine di sperimentare il suo potere oggi.

Nell'ottavo messaggio: *"Si rallegreranno, danzeranno e canteranno"*, studieremo la storia di un sordomuto che riceve guarigione e i modi in cui anche noi oggi possiamo sperimentare questo potere.

Infine, nel nono messaggio *"La Provvidenza infallibile di Dio"*, approfondiremo le profezie degli ultimi giorni e la provvidenza di Dio. In questa sezione vaglieremo anche le profezie rivelate da Dio stesso a riguardo della Manmin Central Church dal giorno in cui è stata fondata, venti anni fa, ad oggi.

La nostra speranza è che questo libro conduca molti credenti a possedere la vera fede, a sperimentare la potenza di Dio creatore, in modo che siano dei vasi ad onore, utilizzati per l'unità dallo Spirito Santo in accordo con la sua divina volontà.

Questo prego, nel nome del nostro Signore Gesù Cristo!

Geumsun Vin
Direttore Editoriale

Indice dei contenuti

Messaggio 1

Credere in Dio (Ebrei 11:3) · 1

Messaggio 2

Credere nel Signore (Ebrei 12:1-2) · 21

Messaggio 3

Un vaso più prezioso di un gioiello

(2 Timoteo 2:20-21) · 41

Messaggio 4

La Luce (1 Giovanni 1:5) · 57

Messaggio 5

La Potenza della Luce (1 Giovanni 1:5) · 73

Messaggio 6

Gli occhi dei ciechi si apriranno (Giovanni 9:32-33) · 105

Messaggio 7

Si alzeranno in piedi, salteranno e cammineranno
(Marco 2:3-12) · 123

Messaggio 8

Si rallegreranno, danzeranno e canteranno
(Marco 7:31-37) · 145

Messaggio 9

La Provvidenza infallibile di Dio
(Deuteronomio 26:16-19) · 165

Messaggio 1
Credere in Dio

Chi è Dio?
Il Creatore di tutte le cose
Testimonianze con le quali possiamo credere in Dio Creatore
Evidenze bibliche per cui credere in Dio Creatore
La potenza di Dio manifestata nella Manmin Central Church
Sperimentare la potenza di Dio
Compiacere Dio attraverso azioni di fede

Ebrei 11:3

*Per fede comprendiamo
che i mondi sono stati formati dalla parola di Dio;
così le cose che si vedono non sono state tratte
da cose apparenti.*

Sin dalla prima edizione delle due settimane Speciali di Risveglio nel maggio del 1993, sono state veramente tante le persone che hanno sperimentato di prima mano l'opera di Dio. Attraverso il suo potere crescente, malattie che non potevano essere sanate dalla medicina moderna sono state guarite e problemi irrisolvibili sono stati risolti. Negli ultimi diciassette anni, Dio ha confermato la sua parola con i segni che l'hanno accompagnata, proprio come descritto in Marco 16:20.

Per la profondità dei messaggi riguardo fede e giustizia, carne e spirito, bene e luce, amore e via discorrendo, Dio ha condotto un gran numero di membri della chiesa Manmin ad una conoscenza più profonda del regno spirituale. Attraverso tali incontri siamo stati testimoni del potere di Dio in prima persona, ed è per questo che le Riunioni Speciali di Risveglio annuali sono diventate, per modo di dire, così tanto famose. Gesù dice in Marco 9:23, *"Dici: «Se puoi!» Ogni cosa è possibile per chi crede…"*, pertanto, se abbiamo la vera fede, nulla è impossibile per noi e riceveremo ciò che cerchiamo.

In cosa dobbiamo credere e in che modo? Se non conosciamo e non crediamo in Dio correttamente, non saremo neanche in grado di sperimentare la sua potenza e ricevere risposte da Lui. È per questo che comprendere e credere le cose corrette è della massima importanza.

Chi è Dio?

In primo luogo, Dio è l'autore dei sessantasei libri della Bibbia. 2 Timoteo 3:16 ci ricorda che *"Ogni Scrittura è ispirata da Dio"*. La Bibbia è costituita da sessantasei libri e si stima che siano stati scritti da trentaquattro persone diverse nell'arco di 1.600 anni. Tuttavia, l'aspetto più sorprendente di ogni libro della Bibbia è che, nonostante il fatto che ogni libro sia stato redatto da persone diverse nel corso dei secoli, è congruente e corrispondente a tutti gli altri. In altre parole, la Bibbia è la Parola di Dio stesa, scritta sotto ispirazione divina da persone diverse, da Lui ritenute idonee, in diversi periodi storici. Attraverso la Bibbia Egli si rivela, ed è per questo che coloro che credono che la Bibbia è la Parola di Dio e vi obbediscono, sperimentano la benedizione e la grazia che Lui ha promesso.

"Io sono Colui che Sono", questo è il nostro Dio (Esodo 3:14), che, a differenza degli idoli creati dalla fantasia o scolpiti dalla mano dell'uomo, è il vero Dio, che esiste da prima dell'eternità e per tutta l'eternità. Inoltre, Dio è: amore (1 Giovanni 4,16), luce (1 Giovanni 1:5), e giudice di tutte le cose alla fine del tempo.

Al di sopra di tutto, dobbiamo ricordare che Dio, con la sua potenza sorprendente, ha creato tutte le cose del cielo e della terra, è l'Onnipotente, Colui che ha fermamente manifestato il suo straordinario potere dalla creazione ad oggi.

Il Creatore di tutte le cose

In Genesi 1:1 scopriamo che *"In principio Dio creò il cielo e la terra"*. Ebrei 11:3 dice: *"Per fede comprendiamo che i mondi sono stati formati dalla parola di Dio; così le cose che si vedono non sono state tratte da cose apparenti."*.

Nello stato del nulla, all'inizio del tempo, tutto ciò che esiste nell'universo è stato creato dal potere di Dio, il sole e la luna nel cielo, le piante e gli alberi, gli uccelli e gli animali, i pesci nel mare, e il genere umano.

Nonostante ciò, molte persone non sono in grado di credere in Dio creatore, perché il concetto di creazione è semplicemente troppo in contraddizione con la propria conoscenza o con l'esperienza umana. Nella mente di queste persone, infatti, non è possibile che tutte le cose dell'universo siano state create dal nulla con un semplice comando di Dio.

Per questo motivo è stata concepita la teoria dell'evoluzione i cui fautori sostengono che, un organismo vivente, venuto alla luce per caso, si è evoluto e moltiplicato per conto proprio. Quando un uomo nega la creazione dell'universo per mano di Dio, sbarrandosi all'interno di questa cornice nozionistica, non sarà neanche in grado di credere al resto della Bibbia, all'esistenza del paradiso e dell'inferno (dirà che non essendoci mai stato non può esistere), tantomeno nel passaggio terreno del Figlio di Dio, nato come uomo, morto, risorto e asceso al cielo.

Tuttavia, con l'avanzare della scienza, il mito dell'evoluzione è sempre più esposto, mentre la legittimità della creazione continua a guadagnare terreno. Anche senza necessariamente produrre un elenco di evidenze scientifiche, ci sono miriadi di esempi che testimoniano la creazione.

Testimonianze con le quali possiamo credere in Dio Creatore

Ecco un esempio. Ci sono più di duecento paesi e oltre duecento gruppi etnici diversi. Eppure, siano essi bianchi, neri o gialli, tutti hanno due occhi, due orecchie, un naso, e due narici. Questo modello non vale solo per gli esseri umani, ma anche per gli animali che stanno sulla terra, per gli uccelli del cielo, e anche per i pesci del mare. Il tronco di un elefante è eccezionalmente ampio e lungo, ma questo non significa che ha più di due narici. Tutti gli esseri umani, gli animali, gli uccelli e i pesci hanno una bocca, e la posizione in cui la bocca si trova è identica. Ci sono sottili differenze per quanto riguarda la posizione di ciascun organo tra le specie diverse, certo, ma per la maggior parte la struttura e la posizione sono le stesse.

Come avrebbe potuto tutto ciò avvenire "per caso"? Anche questo è una prova concreta che un Creatore ha progettato e formate persone, animali, uccelli e pesci. Se ci fosse stato più di un creatore, l'aspetto e la struttura delle creature viventi sarebbero state diverse, tante quante il numero e le preferenze degli artefici. Tuttavia, poiché il nostro Dio è l'unico Creatore, tutti gli esseri viventi sono stati formati secondo il suo unico modello.

Inoltre, la natura, sia la terra che l'universo, testimonia in modo evidente che c'è un solo Dio che ha creato tutto. Come dice Romani 1:20: *"...infatti le sue qualità invisibili, la sua eterna potenza e divinità, si vedono chiaramente fin dalla creazione del mondo essendo percepite per mezzo delle opere sue; perciò essi sono inescusabili"*. Dio ha progettato, creato e formato tutte le cose in modo che la verità della sua esistenza non potesse mai essere negata o smentita.

Abacuc 2:18-19: *"Che il profitto è l'idolo di quando il suo creatore ha scolpito, o un'immagine, un maestro di menzogna? Per la sua fida macchina nella sua opera proprio quando la moda idoli muti. Guai a chi dice di un pezzo di legno, 'Svegliatevi!' Una pietra muta, 'Alzati!' E che è il tuo insegnante? Ecco, è rivestito d'oro e d'argento, e non c'è il respiro a tutti al suo interno"*. Se qualcuno di voi ha servito o creduto negli idoli senza aver conosciuto Dio, si penta gravemente dei propri peccati lacerando il proprio cuore davanti a Lui.

Evidenze bibliche per cui credere in Dio Creatore

Sono molte le persone che non credono in Dio, nonostante il numero incommensurabile di evidenze che li circonda. È per questo che, tramite la manifestazione del suo potere, Dio testimonia in modo ancora più lampante ed innegabile la sua esistenza. Attraverso i miracoli - prodigi che non possono essere prodotti dall'uomo - Dio ha concesso all'umanità di credere nella sua presenza e nella sua straordinaria attività. La Bibbia è piena di casi affascinanti in cui la potenza di Dio è stata manifestata. Il Mar Rosso si è separato, il sole si è fermato, una volta a è anche tornato indietro, dal cielo è caduto fuoco, l'acqua amara del deserto è stata trasformato in acqua potabile e dolce, dell'acqua è scaturita da una roccia, morti sono ritornati in vita, malattie incurabili hanno incontrato la guarigione e battaglie che sembravano perse all'apparenza sono state vinte.

Quando le persone credono nell'Iddio onnipotente sperimentano anche l'opera inimmaginabile della sua potenza. Questo è il motivo per cui la Bibbia riporta i molti casi in cui il suo potere si è manifestato, perché noi ne fossimo benedetti e potessimo credere.

L'opera della sua potenza, però, non è solamente relegata al racconto biblico. Dio è immutabile, pertanto, manifesta il suo potere attraverso i veri credenti in tutto il mondo, anche oggi con segni, meraviglie e opere del suo potere. Del resto, ce lo aveva promesso. In Marco 9:23, Gesù ci rassicura: *"Se puoi? Tutto è possibile a chi crede"*. In Marco 16:17-18, nostro Signore ci ricorda: *"Questi saranno i segni che accompagneranno quelli che hanno creduto: nel mio nome scacceranno i demoni, parleranno nuove lingue, prenderanno in mano i serpenti e, se avranno bevuto qualcosa di veleno mortale, non far loro del male, imporranno le mani ai malati e questi guariranno"*.

La potenza di Dio manifestata nella Manmin Central Church

Nella chiesa che io servo come pastore, la Manmin Central Church, l'opera della potenza di Dio Creatore è stata manifestata molte volte, per questo cerchiamo di diffondere il Vangelo fino agli estremi confini del mondo. Dalla fondazione, nel 1982, fino ad oggi, tramite la Manmin Central Church, moltissime persone sono state condotte sulla via della salvezza attraverso la potenza di Dio Creatore. L'opera più significativa del suo potere viene rivelata nella nostra chiesa attraverso la guarigione di malattie e infermità. Molte persone affette da patologie "incurabili", cancro compreso, ma anche da tubercolosi, paralisi, paralisi cerebrale, ernia, artrite, leucemia e simili sono state guarite. Demoni sono stati scacciati, zoppi hanno camminato, e persone paralizzate a causa di vari incidenti hanno ripreso a stare bene. Inoltre, abbiamo visto anche grandi ustionati guarire da cicatrici orribili in pochi minuti in seguito alla preghiera. Non solo, siamo stati testimoni di corpi rigidi riportati ad una condizione normale, di persone in stato di incoscienza che hanno recuperato la propria mente ma anche di uomini e donne vittime di emorragia cerebrale o di avvelenamento da gas recuperare e vivere subito dopo le preghiere. Altri ancora che avevano smesso di respirare sono tornati a vivere dopo aver ricevuto la preghiera.

Molti, che non erano stati in grado di avere figli dopo cinque, sette, dieci, o anche venti anni di matrimonio, hanno avuto la benedizione di poter concepire, dopo la preghiera. Sono anche molti i non udenti che ora odono, parlano e glorificano Dio dopo aver recuperato le proprie abilità con la preghiera.

Anche se la scienza medica di secolo in secolo e di anno in anno avanza, i nervi morti non possono essere rivitalizzati e chi nasce cieco, muore cieco, lo stesso vale per i non udenti, queste condizioni non possono essere guarite. Tuttavia, Dio onnipotente è in grado di fare qualsiasi cosa, in quanto, ricordate, Egli crea le cose visibili dal nulla.

Ho sperimentato personalmente il potere di Dio onnipotente. Ero sulla soglia della morte a causa di una condizione che mi aveva afflitto per ben sette anni prima di credere in Lui. Stavo male in ogni parte del corpo, con l'eccezione dei miei due occhi, tanto che ero stato soprannominato "reparto terminale ambulante." Ho cercato

"Sono così riconoscente, hai salvato la mia vita. Pensavo che avrei dovuto fare affidamento sulle stampelle per il resto della mia vita. Ora, cammino, cammino! Padre, oh Padre, ti ringrazio!"

Corea – Diaconessa Johanna Park
Disabile permanente che getta via le stampelle e passeggia dopo aver ricevuto la preghiera.

invano la guarigione, sia nella medicina orientale che in quella occidentale, ho provato cure per i lebbrosi, ogni tipo di erba medica, colecisti di orsi e di cani, millepiedi, e anche acqua escrementale. Mi sono sottoposto a qualsiasi tortura per sette anni pur di guarire, ma niente, nulla ha potuto farmi riacquistare la salute. Preso dalla disperazione più profonda, nella primavera del 1974, ho avuto un'esperienza incredibile. Ho incontrato Dio, e in quel momento esatto, Egli mi ha guarito da tutte le mie malattie e da tutte le mie infermità. Da allora in poi, Dio mi ha sempre protetto, perché mai più sono stato malato. Anche se qualche volta sono stato afflitto da un disagio in qualche parte del corpo, dopo la preghiera con la fede, il malessere immediatamente scompariva.

Oltre a me altresì la mia famiglia, ma anche numerosi membri della nostra chiesa che credono sinceramente in Dio onnipotente, sono sempre fisicamente sani e non dipendono dalla medicina per la propria salute. In segno di gratitudine della misericordia di Dio, il Guaritore, molte persone che sono state guarite e godono di questa divina salute, ora sono al servizio della chiesa come ministri di Dio, in qualità di anziani, diaconi, diaconesse e lavoratori fedeli.

La potenza di Dio non si limita alla guarigione delle malattie e delle infermità. Dal giorno della fondazione della Manmin Central Church nel 1982 ad oggi, siamo stati spettatori di numerose manifestazioni del potere di Dio, in cui la preghiera

"Padre, io non ho paura, desidero venire da te, ma cosa accadrà ai miei cari quando non ci sarò più? Signore mi hai ridato una nuova vita, mi dedicherò a te".

Corea - Anziano Moonki Kim
In coma in seguito ad una apoplessia cerebrale, si riprende e si rialza dopo la preghiera del dottor Jaerock Lee.

con fede ha controllato, ad esempio, le condizioni meteorologiche, fermando pesanti piogge, o schermando i membri della nostra chiesa con nubi fresche in giorni di sole cocente, o deviando il corso di tifoni. Durante i mesi di luglio e di agosto, teniamo il ritiro estivi della nostra comunità. Come spiegare che il resto della Corea del Sud soffre di danni provocati da tifoni e alluvioni, mentre le zone in cui noi svolgiamo il ritiro non vengono colpite dalle forti piogge o dalle altre calamità naturali? Non solo, un buon numero dei fratelli e delle sorelle che frequentano la Manmin Central Church vedono arcobaleni su base regolare, anche nei giorni in cui non ha piovuto.

Vi è un aspetto ancora più sorprendente della potenza di Dio. Il lavoro del suo potere si manifesta anche quando non prego direttamente per i malati. Sono molte le persone che hanno glorificato Dio dopo aver ricevuto la guarigione attraverso la "Preghiera del Malato" fatta semplicemente dal pulpito e registrata su cassette, trasmessa via internet o attraverso messaggi telefonici automatizzati.

"Dio intanto faceva miracoli straordinari per mezzo di Paolo, al punto che si mettevano sopra i malati dei fazzoletti e dei grembiuli che erano stati sul suo corpo, e le malattie scomparivano e gli spiriti maligni uscivano". (Atti 19:11-12) Anche tra di noi, proprio come abbiamo appena letto in questi versi, il miracoloso potere di Dio si è manifestato attraverso dei fazzoletti su cui io ho pregato.

Inoltre, quando impongo le mani e prego su fotografie di malati, si verificano guarigioni che trascendono il tempo e lo spazio, in tutto il mondo. È per questo che, quando organizziamo crociate all'estero, tutti i tipi di malattie e di infermità, tra cui la micidiale AIDS, vengono guarite in un istante con la potenza di Dio che sconfina tempo e spazio.

Sperimentare la potenza di Dio

Ciò significa che chiunque crede in Dio può sperimentare il lavoro incredibile della sua potenza e ricevere risposte e benedizioni? Molte persone professano la loro fede in Dio, ma non tutti sperimentano la sua potenza, perché questo è possibile solo quando la vostra fede in Dio è accompagnata dalle vostre azioni.

Certamente, Dio considera fede anche il semplice fatto di ascoltare la predicazione della Parola e assistere assiduamente ai servizi di culto, tuttavia, al fine di possedere la vera fede - con la quale è possibile ricevere guarigione e risposte - occorre conoscere profondamente chi è Dio, perché Gesù è il nostro Salvatore e credere nell'esistenza del paradiso e dell'inferno. Quando capite questi fattori, vi pentitevi dei vostri peccati, accettate Gesù come Salvatore e ricevete lo Spirito Santo, ottenete anche dei diritti, in quanto figli di Dio. Questo è il primo passo verso la vera fede. Le persone che possiedono la vera fede mostrano anche le opere, compiono azioni che testimoniano tale fede. Dio vedrà queste "gesta di fede" e risponderà ai desideri del loro cuore, perché quelli che sperimentano il lavoro del suo potere e dimostrano di avere fede, sono quelli che Lui approva.

Compiacere Dio attraverso azioni di fede

Ecco alcuni esempi dalla Bibbia. In primo luogo, in 2 Re 5 è narrata la storia di Naaman, il comandante dell'esercito del re di Aram. Naaman è l'esempio perfetto di chi ha sperimentato l'opera della potenza di Dio dopo aver dimostrato la propria fede attraverso le azioni. Naaman obbedì al profeta Eliseo per mezzo del quale Dio gli aveva parlato.

Naaman era un generale pluridecorato del regno di Aram e, a causa della lebbra da cui era stato colpito, volle incontrare il profeta Eliseo, che si diceva operasse prodigi miracolosi. Tuttavia, quando il generale potente e famoso arrivò a casa di Eliseo, carico di oro, argento, vestiti pregiati ed altri regali, il profeta si limitò ad inviargli un messaggero che gli disse: *"Va e lavati nel Giordano sette volte"* (v. 10).

In un primo momento, Naaman si irritò moltissimo. Era certo di non aver ricevuto un trattamento adeguato da parte del profeta, in quanto non solo non aveva direttamente pregato per lui, ma gli disse pure di andarsi a lavare nel fiume Giordano. In ogni caso, sfumata la rabbia iniziale, Naaman cambiò idea e obbedì. Anche se le parole di Eliseo non erano di suo gradimento e di certo non collimavano con i suoi pensieri, Naaman era determinato, aveva deciso che avrebbe obbedito ad un profeta di Dio.

Alla sesta volta che Naaman entrò nel fiume Giordano, sul suo corpo e sulla condizione della sua lebbra non vi era ancora nessuna modifica visibile. Nondimeno, quando Naaman si lavò nel Giordano la settima e ultima volta, la sua carne fu riportata ad uno stato originale, pulita, come quello di un giovane ragazzo (v. 14).

Spiritualmente, l'acqua simboleggia la parola di Dio. Il fatto che Naaman si tuffò nel fiume Giordano rivela che attraverso la Parola, Naaman fu purificato dai suoi peccati. Inoltre, il numero "sette" indica la perfezione, il fatto che Naaman si tuffò nel fiume "sette volte" significa che il generale ricevette il perdono completo.

Per la stessa ragione, se anche noi desideriamo ricevere delle risposte da Dio, dobbiamo prima accuratamente pentirci di tutti i nostri peccati, come ha fatto Naaman. Il pentimento non si esaurisce solo dicendo: "Mi pento del male che ho fatto…". Il pentimento, come lo intende la Bibbia è *"…stracciatevi il cuore"* (Gioele 2:13). Dopo esservi seriamente pentiti dei vostri peccati, non dovete peccare più. Questo è l'unico modo per distruggere il muro di trasgressione tra te e Dio, l'unica strada per essere felice veramente, risolvere i tuoi problemi, ricevere le risposte e i desideri del tuo cuore.

In secondo luogo, in 1 Re 3 troviamo il re Salomone che offre mille olocausti davanti a Dio. Attraverso queste offerte, Salomone dimostrò con azioni concrete lo stato della sua fede, al fine di ricevere risposte da Dio. Come conseguenza ha ricevuto non solo ciò che aveva chiesto, ma anche ciò che non aveva chiesto.

Per Salomone, offrire mille olocausti deve aver richiesto una grande dedizione, in quanto ogni offerta stava a significare che il re aveva dovuto catturare personalmente l'animale ed effettuare la preparazione. Riuscite ad immaginare quanto tempo, sforzo e denaro sia costato fare questa offerta per ben mille volte? Il tipo di devozione dimostrata da Salomone, quindi, non sarebbe stata possibile se il re non avesse davvero creduto nell'Iddio vivente.

Quando l'Eterno vide la dedizione di Salomone, non solo gli diede la saggezza, ciò che il re aveva inizialmente richiesto, ma anche ricchezza e onore - tali che non avesse uguali tra i re della terra.

Infine, in Matteo 15 è riportata la storia di una donna sirofenicia la cui figlia era posseduta dal demonio. La signora si presentò davanti a Gesù con un cuore umile ma tenace, chiedendo, e, ricevendo, la guarigione di sua figlia. Gesù, tuttavia, non le rispose subito: "Va bene, tua figlia è guarita".

Anzi, sembrava quasi incurante della richiesta pressoché elemosinante della donna, infatti, le ribatté: *"Non è bene prendere il pane dei figli e gettarlo ai cani…"* (v. 26). In pratica, Gesù ha paragonato questa donna ad un cane! Se fosse stata senza fede, la donna avrebbe potuto risentirsi, provare imbarazzo o una rabbia incontrollabile. Ed invece no, perché possedeva la fede che le assicurò la risposta da Gesù, e non fu né delusa né sgomentata alla replica del Signore. Infatti, noncurante, si aggrappò al Maestro ancor più umilmente dicendogli: "Sì, Signore, ma anche i cani si nutrono delle briciole che cadono dalla tavola dei loro padroni…". A questo punto, Gesù si rallegrò della fede di questa madre e subito guarì sua figlia indemoniata.

Allo stesso modo, se vogliamo ricevere guarigione e risposte, dobbiamo dimostrare la nostra fede fino in fondo.

E' vero, la potenza di Dio si manifesta fortemente nella Manmin Central Church e per questo è possibile ricevere la guarigione anche attraverso un fazzoletto su cui io ho pregato o pregando sulle fotografie, tuttavia, a meno che il malato sia in condizioni critiche o all'estero, la persona si deve presentare davanti a Dio. La potenza di Dio si manifesta nella vita di un determinato individuo solo dopo aver ascoltato la sua Parola, che è l'unico modo per possedere la vera fede. Inoltre, se la persona che ha bisogno di preghiera è mentalmente ritardata o posseduta dal demonio - e quindi non può presentarsi davanti a Dio con la sua propria fede - allora come la donna Siro-fenicia, i suoi genitori o la famiglia devono presentarsi davanti a Dio per suo conto, con amore e fede.

In aggiunta a queste, ci sono altre prove che testimoniano la vostra fede. Ad esempio, se un individuo che possiede la vera fede - quella attraverso la quale si ricevono le risposte - la sua felicità e la sua gratitudine sono sempre evidenti. In Marco 11:24, Gesù ci dice: *"Perciò vi dico: tutte le cose che voi domanderete pregando, credete che le avete ricevute, e voi le otterrete"*. Se possiedi la vera fede, sarai lieto e pieno di gratitudine, sempre. Inoltre, se professi di credere in Dio, obbedirai e vivrai secondo la sua Parola, e poiché Dio è luce, ti sforzerai di camminare nella luce e questo ti trasformerà.

Dio si compiace grandemente quando compiamo azioni di fede e per questo ci concede i desideri del nostro cuore. E tu, possiedi anche tu il tipo e la misura di fede che Dio approva?

In Ebrei 11:6 ci viene ricordato, *"Or senza fede è impossibile piacergli; poiché chi si accosta a Dio deve credere che egli è, e che ricompensa tutti quelli che lo cercano"*.

Comprendere adeguatamente ciò che significa credere in Dio e dimostrargli la tua fede, vuol dire anche compiacerlo, sperimentare il suo potere, e condurre una vita beata, nel nome del Signore nostro Gesù Cristo. Questo prego per voi!

Messaggio 2
Credere nel Signore

Il Figlio di Dio Creatore, il Salvatore
La Provvidenza di Dio, nascosta da prima del tempo
Gesù Cristo è qualificato secondo la legge del "riscatto del suolo"
Perché Gesù fu appeso ad una croce di legno?
Credere nel Signore è perseguire un cambiamento personale
    in direzione della verità

Ebrei 12:1-2

*Anche noi, dunque,
poiché siamo circondati
da una così grande schiera di testimoni,
deponiamo ogni peso
e il peccato che così facilmente ci avvolge,
e corriamo con perseveranza
la gara che ci è proposta,
fissando lo sguardo su Gesù,
colui che crea la fede e la rende perfetta.
Per la gioia che gli era posta dinanzi
egli sopportò la croce,
disprezzando l'infamia,
e si è seduto alla destra del trono di Dio.*

La maggior parte delle persone che vive sulla terra oggi ha sentito nominare "Gesù Cristo." Un numero sorprendente di persone, tuttavia, non sa perché Gesù è il Salvatore del genere umano o perché la salvezza si riceve solo credendo in Cristo. Ancora peggio, ci sono alcuni cristiani che non sono in grado di rispondere agli interrogativi di cui sopra, anche se sono direttamente connessi con la salvezza. Ciò significa che questi credenti conducono la loro vita in Cristo senza comprenderne appieno il significato spirituale.

Sia ben chiaro, solo quando conosciamo correttamente e correttamente comprendiamo perché Gesù è il nostro unico Salvatore, e cosa significa accettare e credere in Lui, possederemo la vera fede e sperimenteremo davvero la potenza di Dio.

Alcune persone semplicemente considerano Gesù come uno dei quattro grandi santi. Altri pensano a Lui unicamente come fondatore del cristianesimo, o come un uomo molto magnanimo che ha fatto un gran bene durante la sua vita.

Quelli di noi che sono diventati figli di Dio, però, confessano che Gesù è il Salvatore del genere umano e che ha redento tutti gli uomini dai loro peccati. Come possiamo comparare l'unigenito Figlio di Dio, Gesù Cristo, con degli esseri umani, semplici creature? Anche al tempo di Gesù c'erano prospettive e pareri diversi su di lui.

Il Figlio di Dio Creatore, il Salvatore

Matteo 16 racconta un episodio in cui Gesù chiede ai suoi discepoli: *"Chi dice la gente che sia il Figlio dell'uomo?"* (v.13) e, citando le risposte di persone diverse, i discepoli replicano: *"Alcuni dicono Giovanni il battista; altri, Elia; altri, Geremia o uno dei profeti"* (v. 14). Allora Gesù chiese ai suoi discepoli: *"Voi chi dite che io sia?"* (v. 15) Quando Pietro rispose: *"Tu sei il Cristo, il Figlio del Dio vivente"* (v. 16), Gesù gli disse, encomiandolo: *"Tu sei beato, Simone, figlio di Giona, perché non la carne e il sangue ti hanno rivelato questo, ma il Padre mio che è nei cieli."* (v. 17). Pietro non aveva dubbi sul fatto che Gesù fosse il Figlio di Dio Creatore e il Cristo, il Salvatore del genere umano, anche perché era stato testimone di innumerevoli opere della potenza di Dio.

In principio, Dio creò l'uomo dalla polvere a sua immagine e lo condusse nel Giardino dell'Eden, dove aveva piantato l'albero della vita e l'albero della conoscenza del bene e del male, comandando ad Adamo: *"Mangia pure da ogni albero del giardino ma dell'albero della conoscenza del bene e del male non ne mangiare; perché nel giorno che tu ne mangerai, certamente morirai."* (Genesi 2:16-17).

Dopo molto tempo, il primo uomo e la prima donna, Adamo ed Eva, furono tentati dal serpente, istigato da Satana, e trasgredirono al comando di Dio e mangiarono del frutto dell'albero della conoscenza del bene e del male e per questo furono cacciati dal Giardino dell'Eden. Come conseguenza delle loro azioni, tutti i discendenti di Adamo ed Eva hanno ereditato la loro natura peccaminosa. Non solo, proprio come Dio aveva detto ad Adamo che sarebbe sicuramente morto, anche tutti i suoi discendenti sarebbero morti.

Ecco perchè, prima dell'inizio del tempo, Dio ha preparato la via della salvezza, il Figlio di Dio Creatore, Gesù Cristo. Come dice Atti 4:12: *"Non vi è salvezza in nessun altro, perché non c'è altro nome sotto il cielo, che è stato dato agli uomini, che possiamo essere salvati"*. Ad eccezione di Gesù Cristo, nessuno è qualificato per essere il Salvatore dell'umanità.

La Provvidenza di Dio, nascosta da prima del tempo

1 Corinzi 2:6-7 dice: *"Tutttavia, a quelli tra di voi che sono maturi esponiamo una sapienza, però non una sapienza di questo mondo né dei dominatori di questo mondo, i quali stanno per essere annientati; ma esponiamo la sapienza di Dio misteriosa e nascosta, che Dio aveva prima dei secoli predestinata a nostra gloria"*. 1Corinzi 2:8-9 ci ricorda: *"Guardate che nessuno faccia di voi sua preda con la filosofia*

e con vani raggiri secondo la tradizione degli uomini e gli elementi del mondo e non secondo Cristo; perché in lui abita corporalmente tutta la pienezza della Deità". La via della salvezza che Dio ha preparato per l'umanità, prima dell'inizio del tempo, è la via della croce di Gesù Cristo, e nella sua saggezza, Dio ha nascosto questo piano.

Essendo il Creatore, Dio regola l'universo e governa la storia dell'umanità. Il re o il presidente di un paese governa in base alle leggi del suo paese, l'amministratore delegato di una società si occupa della sua azienda in base alle linee guida aziendali, il capo di una famiglia vigila sul suo nucleo familiare in base alle norme del proprio lignaggio. Allo stesso modo, Dio, che è il proprietario dell'universo, governa tutte le cose in accordo con le leggi del regno spirituale, come le troviamo nella Bibbia.

Secondo la legge del regno spirituale, vi è una regola che dice che *"il salario del peccato è la morte"* (Romani 6:23) punendo i colpevoli. C'è anche una norma che può redimerci dai nostri peccati, che Dio ha applicato, al fine di restaurare l'autorità che con al disobbedienza di Adamo era stata persa in favore del diavolo.

Qual'era la regola secondo cui il genere umano poteva essere redento dall'autorità del primo uomo che ha ceduto al nemico? Secondo la legge del "riscatto del suolo", attraverso cui Dio ha preparato la salvezza per tutti gli uomini prima dell'inizio del tempo.

Gesù Cristo è qualificato secondo la legge del "riscatto del suolo"

Dio ha dato agli israeliti la legge del "riscatto del suolo", che dettava la seguente: *"Le terre non si venderanno per sempre; perché la terra è mia e voi state da me come stranieri e avventizi. Perciò, in tutto il paese che sarà vostro possesso, concederete il diritto di riscatto del suolo. Se uno dei vostri diventa povero e vende una parte della sua proprietà, colui che ha il diritto di riscatto, il suo parente più prossimo, verrà e riscatterà ciò che suo fratello ha venduto. E se uno non ha chi possa riscattarla per lui, ma giunge a procurarsi da sé la somma necessaria al riscatto, conterà le annate trascorse dalla vendita, renderà il di più al compratore, e rientrerà nella sua proprietà. Ma se non trova da sé la somma sufficiente a rimborsarlo, ciò che ha venduto rimarrà in mano del compratore fino all'anno del giubileo, e al giubileo ne riavrà il possesso."* (Levitico 25:23-28).

Dio sapeva in anticipo che Adamo avrebbe rinunciato all'autorità che aveva ricevuto da Dio in favore del diavolo, attraverso la sua disobbedienza. In qualità di proprietario originale di tutte le cose e dell'universo, Dio ha consegnato al diavolo l'autorità e la gloria di Adamo, come previsto dalla legge del regno spirituale. È per questo che quando il diavolo tentò Gesù nel Vangelo di Luca al capitolo 4 mostrandogli tutti i regni del mondo, gli ha potuto dire: *"Ti darò tutto questo dominio e la sua gloria, perché è stato consegnato a me, e io lo do a chi voglio"* (Luca 4:6-7).

Secondo la legge per il riscatto del suolo, tutte le terre appartengono a Dio, in questo modo gli uomini non potevano mai vendere in modo permanente, infatti, se si presentava un individuo con le giuste qualifiche per diventare proprietario di determinati appezzamenti di terreno, gli dovevano essere restituiti. Tutte le cose dell'universo appartengono a Dio e per la stessa legge, Adamo non ha "venduto" per sempre al diavolo la proprietà della terra. Quindi, quando è apparso l'individuo in grado di riscattare l'autorità perduta da Adamo, il diavolo, il nemico, non ha avuto altra scelta, ha dovuto rendere l'autorità che aveva ricevuto dal primo uomo. Prima dell'inizio del tempo, il Dio della giustizia ha preparato un uomo integro, qualificato, secondo la legge per il riscatto del suolo. Questa via di salvezza per l'umanità è Gesù Cristo.

In che modo, quindi, allora, secondo la legge per il riscatto del suolo, Gesù Cristo ha potuto ristabilire l'autorità che era stata consegnata al nemico, al diavolo? Occorreva soddisfare quattro qualifiche per redimere tutti gli uomini dai peccati e restaurare l'autorità che era stata consegnata al nemico, al diavolo.

In primo luogo, il redentore doveva essere un uomo, il "parente più vicino" di Adamo.

Levitico 25:25 ci dice: *"Se uno dei vostri diventa povero e vende una parte della sua proprietà, colui che ha il diritto di riscatto, il suo parente più prossimo, verrà e riscatterà ciò che suo fratello ha venduto"*. Dal momento che "il parente più vicino" poteva riscattare la terra, al fine di ripristinare l'autorità che Adamo aveva abbandonato, il "parente più vicino" doveva essere un uomo. In 1 Corinzi 15:21-22 si legge: *"Infatti, poiché per mezzo di un uomo è venuta la morte, così anche per mezzo di un uomo è venuta la risurrezione dei morti. Poiché, come tutti muoiono in Adamo, così anche in Cristo saranno tutti vivificati"*. In altre parole, come la morte nel mondo è entrata per la disubbidienza di un solo uomo, la risurrezione dello spirito doveva essere compiuta per mezzo di un uomo.

"E la Parola è diventata carne e ha abitato per un tempo fra di noi" (Giovanni 1:14). Gesù è il Figlio di Dio, nato e diventato carne, di natura sia divina che umana, la sua nascita è un evento storico e ci sono molte prove che testimoniano questo fatto. Più in particolare, la storia dell'umanità viene narrata indicando sigle come "BC" "Before Christ" (prima di Cristo) e "AD" "Anno Domini" - che in latino significa "nell'anno del Signore".

Dal momento che Gesù Cristo è entrato nel mondo in forma

carnale, Egli è il "parente più prossimo" di Adamo e soddisfa la prima qualifica.

In secondo luogo, il redentore, non doveva essere un discendente di Adamo.

Perché un individuo possa riscattare gli altri dai loro peccati, egli stesso non deve essere un peccatore. Tutti i discendenti di Adamo, che è divenuto lui stesso un peccatore attraverso la sua disobbedienza, sono peccatori. Pertanto, secondo la legge per il riscatto del suolo, il redentore, non deve essere un discendente di Adamo.

In Apocalisse 5:1-3 si legge:

Vidi nella destra di colui che sedeva sul trono un libro scritto di dentro e di fuori, sigillato con sette sigilli. E vidi un angelo potente che gridava a gran voce: «Chi è degno di aprire il libro e di sciogliere i sigilli?» Ma nessuno, né in cielo, né sulla terra, né sotto la terra, poteva aprire il libro, né guardarlo.

Il libro *"sigillato con sette sigilli"* di cui parla questo passaggio è il contratto forgiato tra Dio e il diavolo, dopo la disobbedienza di Adamo, e, per essere *"degno di aprire il libro e rompere i sigilli"* occorreva essere qualificati secondo la legge per il riscatto del suolo, tant'è vero che quando l'apostolo Giovanni si guardò intorno per trovare chi potesse aprire il libro e rompere i sigilli, non scorse nessuno.

Giovanni alzò lo sguardo in cielo e vide degli angeli, guardò sulla terra e vide solo i discendenti di Adamo, tutti peccatori, guardò sotto la terra e vide solo peccatori destinati all'inferno e gli esseri che appartengono al diavolo. Giovanni quindi pianse e gemette perché non c'era nessuno qualificato secondo la legge per il riscatto del suolo (v. 4).

Poi, uno degli anziani confortò Giovanni e gli disse: *"Non piangere; ecco, il leone della tribù di Giuda, il discendente di Davide, ha vinto per aprire il libro e i suoi sette sigilli"* (v. 5).

Il Leone della tribù di Giuda, il Discendente di Davide è Gesù, che era della tribù di Giuda e della casa di Davide. Gesù Cristo, quindi, è qualificato ad essere il Redentore secondo la legge per il riscatto del suolo.

In Matteo 1:18-21, troviamo un resoconto dettagliato della nascita di nostro Signore:

"Maria, sua madre, era stata promessa sposa a Giuseppe e, prima che fossero venuti a stare insieme, si trovò incinta per opera dello Spirito Santo. Giuseppe, suo marito, che era uomo giusto e non voleva esporla a

infamia, si propose di lasciarla segretamente. Ma mentre aveva queste cose nell'animo, un angelo del Signore gli apparve in sogno, dicendo: «Giuseppe, figlio di Davide, non temere di prendere con te Maria, tua moglie; perché ciò che in lei è generato, viene dallo Spirito Santo. Ella partorirà un figlio, e tu gli porrai nome Gesù, perché è lui che salverà il suo popolo dai loro peccati»".

La ragione per cui Gesù Cristo il Figlio Unigenito di Dio è venuto in questo mondo come carne (Giovanni 1:14), attraverso il grembo della vergine Maria, è perché Gesù doveva essere un uomo ma non un discendente di Adamo, in modo da poter soddisfare le qualifiche della legge sul riscatto del suolo.

In terzo luogo, il redentore doveva avere potere.

Supponiamo che un fratello minore diventi povero e venda i suoi possedimenti e suo fratello maggiore voglia affrancare queste proprietà per il minore. Deve innanzitutto possedere i mezzi sufficienti per acquistare il terreno in questione (Levitico 25:26). Allo stesso modo, se il fratello più giovane è in grande debito e suo fratello maggiore vuole pagare questo debito, il fratello maggiore oltre ad essere accompagnato da buone intenzioni, potrà farlo solo e quando avrà i "mezzi sufficienti".

Per questo stesso motivo, al fine di trasformare un peccatore in un uomo giusto occorrevano i "mezzi sufficienti", vale a dire, il potere necessario. Nel passaggio di Levitico, il potere di riscattare la terra si riferisce al potere di redimere tutti gli uomini dai peccati. In altre parole, il redentore di tutti gli uomini, oltre a possedere le qualifiche secondo la legge sul riscatto del suolo non doveva avere alcun peccato dentro sè.

Poiché Gesù Cristo non è un discendente di Adamo, non ha nessun peccato originale. Non solo, durante i 33 anni di vita sulla terra, Gesù Cristo non ha commesso alcun peccato, ha rispettato tutta la legge in pieno. Fu circonciso l'ottavo giorno dopo la nascita e, prima del suo ministero triennale, Gesù ha amato i suoi genitori, al massimo e devotamente, osservando tutti i comandamenti previsti dalla legge.

Questo è il motivo per cui Ebrei 7:26 dice: *"Infatti a noi era necessario un sommo sacerdote come quello, santo, innocente, immacolato, separato dai peccatori ed elevato al di sopra dei cieli"*. In 1 Pietro 2:22-23 troviamo che *"Egli [Gesù Cristo] non commise peccato e nella sua bocca non si è trovato inganno. Oltraggiato, non rendeva gli oltraggi; soffrendo, non minacciava, ma si rimetteva a colui che giudica giustamente"*.

In quarto luogo, il redentore deve avere amore.

Perché il riscatto potesse avvenire, oltre alle tre condizioni precedenti, era necessario che ci fosse l'amore. Senza amore, un fratello maggiore che è in grado di riscattare il terreno per il fratello minore non pensa neanche a farlo. Anche se un fratello maggiore è l'uomo più ricco del paese e il fratello minore ha debiti in quantità astronomiche, senza amore il fratello maggiore non aiuterà il fratello minore. Al piccolo, il potere e la ricchezza del più grande non giovano nulla se questo non ha amore.

In Ruth 4 è narrata la storia di Boaz, che era ben consapevole della condizione in cui la suocera di Ruth, Naomi, si trovava e quando cercò e chiese al parente che aveva il diritto di riscattare l'eredità di Naomi, questi gli rispose: *"Io non posso far valere il mio diritto, perché rovinerei la mia eredità; subentra tu nel mio diritto di riscatto, poiché io non posso avvalermene"* (v. 6). Dopodiché, Boaz, carico di amore, si affrettò a redimere il terreno per Naomi e successivamente, fu benedetto nell'essere un antenato di re Davide.

Gesù, che è venuto nel mondo in carne, non era un discendente di Adamo, perché è stato concepito dallo Spirito Santo, e non commise peccato. Di conseguenza disponeva dei "mezzi sufficienti" per la nostra redenzione. Se Gesù non avesse avuto amore, però, non avrebbe potuto sopportare l'agonia della crocifissione. Eppure, l'amore di Gesù era tale da lasciare che creature semplici lo crocifiggessero, versò tutto il suo sangue, e con questo ha redento l'umanità intera, aprendo così la via della salvezza. Questo è il risultato dell'amore incommensurabile di Dio nostro Padre e il sacrificio di Gesù che obbedì fino alla morte.

Perché Gesù fu appeso ad una croce di legno?

Perché Gesù fu appeso ad una croce di legno? Per soddisfare la legge del regno spirituale, che impone quanto scritto in Galati: *"Cristo ci ha riscattati dalla maledizione della legge, essendo divenuto maledizione per noi (poiché sta scritto: «Maledetto chiunque è appeso al legno»"* (Galati 3:13). Gesù fu appeso ad un legno al nostro posto in modo da riscattare noi peccatori dalla "maledizione della legge".

Levitico 17:11 ci dice: *"Poiché la vita della carne è nel sangue. Per questo vi ho ordinato di porlo sull'altare per fare l'espiazione per le vostre persone; perché il sangue è quello che fa l'espiazione, per mezzo della vita"*.

"Il sangue è vita, perché" non c'è perdono "senza spargimento di sangue. Gesù ha versato il suo sangue innocente e prezioso perché noi avessimo vita. Ebrei 9:22: *"Secondo la legge, quasi ogni cosa è purificata con sangue; e, senza spargimento di sangue, non c'è perdono"*. Inoltre, attraverso la sua sofferenza sulla croce, i credenti sono stati liberati dalla maledizione della malattia, dell'infermità, della povertà e così via. Poiché Gesù ha vissuto in povertà mentre era sulla terra, Egli si è preso cura della nostra povertà. Dal momento che Gesù è stato flagellato, siamo stati già liberati da tutte le nostre malattie. Gesù ha indossato una corona di spine, il che ci ha redenti dai peccati che abbiamo commesso con i nostri pensieri. Le mani e i piedi del Signore sono stati inchiodati, il che ci ha redenti da tutti i peccati che abbiamo commesso con le mani e attraverso i piedi.

Credere nel Signore è perseguire un cambiamento personale in direzione della verità

Quelli che comprendono veramente la provvidenza della croce e credono dal profondo del loro cuore si sbarazzano dei peccati e vivono secondo la volontà di Dio. Come ci dice Gesù in Giovanni 14:23: *"Se uno mi ama, osserverà la mia parola; e il Padre mio l'amerà, e noi verremo da lui e dimoreremo presso di lui"*. Ecco, sono queste le persone che riceveranno l'amore di Dio e le sue benedizioni.

Perché, allora, ci sono così tanti credenti che pur confessando la loro fede nel Signore non ricevono risposta alla loro preghiera e vivono nelle prove e nelle afflizioni? Perché sebbene dicano e pensano di credere in Lui, Egli non considera la loro fede come vera fede. Vale a dire che, pur avendo ascoltato la parola di Dio, non si sono ancora liberati dai loro peccati, non si sono ancora trasformati secondo la verità.

Ci sono moltissimi credenti che non riescono a rispettare i Dieci Comandamenti, che sono i fondamenti della vita in Cristo. Questi individui sono consapevoli del comandamento di santificare il giorno del Signore - ad esempio - eppure, non frequentano il servizio di culto del mattino o non vi partecipano affatto e fondamentalmente, si fanno i fatti propri nel giorno del Signore. Un altro esempio potrebbe essere la decima. I credenti che conoscono la Parola di Dio sanno che le decime vanno date, ma giacché il denaro è qualcosa di troppo caro per loro, non riescono a rendere la decima per intero. Considerato che Dio ci ha detto specificatamente che il rifiuto di fornire le decime è come "derubare Lui in persona" (Malachia 3:8), come possono queste persone pensare di ricevere benedizioni e risposte?

Ci sono anche quei credenti che non perdonano gli errori e le colpe degli altri, non solo, si infuriano e mettono a punto piani per ripagare il male ricevuto con la stessa moneta. Altri ancora fanno promesse a Dio, ma volta dopo volta le infrangono. Altri, invece, si lamento ed incolpano il Signore esattamente come fanno le persone del mondo. E' possibile che questi credenti posseggano la vera fede?

Quando possediamo la vera fede, allora si che facciamo ogni cosa secondo la volontà di Dio, evitiamo ogni sorta di male, e assomigliano al nostro Signore, che ha ceduto la propria vita per noi peccatori. Solo in questo caso siamo in grado di perdonare e di amare coloro che ci odiano e ci fanno del male, di servire e di sacrificare la nostra vita per gli altri.

Quando ce la metterai tutta per sbarazzarti del tuo temperamento iracondo, tanto per fare un esempio, sarai trasformato in una persona gentile, pronuncerai solo parole di bontà e di calore. Se invece non fai altro che lamentarti ad ogni occasione, con l'aiuto della vera fede, esprimerai gratitudine in ogni circostanza, impartendo grazia a tutti coloro che ti circondano.

Quando crediamo veramente nel Signore, gli assomigliamo e conduciamo una vita trasformata, e allora si che riceveremo le risposte e le benedizioni di Dio.

Anche noi, dunque, poiché siamo circondati da una così grande schiera di testimoni, deponiamo ogni peso e il peccato che così facilmente ci avvolge, e corriamo con perseveranza la gara che ci è proposta, fissando lo sguardo su Gesù, colui che crea la fede e la rende perfetta. Per la gioia che gli era posta dinanzi egli sopportò la croce, disprezzando l'infamia, e si è seduto alla destra del trono di Dio. (Ebrei 12:1-2).

Oltre ai molti padri della fede che troviamo nella Bibbia, anche tra quelli intorno a noi ci sono molte persone che hanno ricevuto salvezza e benedizione per la loro vera fede.

Come ha già fatto "la grande schiera di testimoni" prendiamo anche noi possesso della vera fede! Liberiamoci, sbarazziamoci di tutto ciò che ci ostacola e del peccato che così facilmente ci intrappola, sforzandoci di assomigliare al nostro Signore! Solo allora, come Gesù ci promette in Giovanni *"Se rimanete in me e le mie parole rimangono in voi, chiedete ciò che volete e vi sarà dato"* (Giovanni 15:7). Tutti possiamo condurre una vita pienamente benedetta ed il Signore ci risponderà ogni volta.

Se la vita che ho finora descritto non è ancora la tua, guarda indietro alla tua esistenza, squarcia il tuo cuore e pentiti per non aver correttamente creduto nel Signore, e stabilisci che da ora in poi vivrai solo secondo la Parola di Dio.

Possa ognuno di voi possedere la vera fede, sperimentare la potenza di Dio e rendergli gloria per le risposte e le benedizioni che riceverete, questo prego nel nome del Signore nostro Gesù Cristo!

Messaggio 3
Un vaso più prezioso di un gioiello

I figli che Dio ama sono spesso paragonati a dei "vasi"
Benedizioni per i vasi ad onore

2 Timoteo 2:20-21

In una grande casa non ci sono soltanto vasi d'oro e d'argento, ma anche vasi di legno e di terra; e gli uni sono destinati a un uso nobile e gli altri a un uso ignobile.

Se dunque uno si conserva puro da quelle cose, sarà un vaso nobile, santificato, utile al servizio del padrone, preparato per ogni opera buona.

Dio ha creato gli uomini in modo che potesse raccogliere per sé dei figli veri con cui condividere amore vero. Eppure, l'uomo ha peccato, è andato fuori strada, ha perso il vero scopo della creazione, divenendo schiavo del nemico, del diavolo, di Satana (Romani 3:23). L'Iddio d'amore, però, non si è arreso. Ha aperto la via della salvezza per tutti quelli che vivono nel mezzo del peccato. Dio ha permesso che il suo unigenito Figlio, Gesù Cristo, fosse crocifisso, appeso alla croce, in modo da redimere tutti gli uomini dal peccato.

E' per questo amore incredibile, per questo grande sacrificio, che è stata spalancata la porta della salvezza per chi crede in Gesù Cristo. A chiunque crede nel suo cuore che Gesù è morto e risorto dalla tomba e confessa con la sua bocca che Gesù è il Salvatore, Egli ha donato il diritto di essere un figlio di Dio.

I figli che Dio ama sono spesso paragonati a dei "vasi"

Come 2 Timoteo 2:20-21 dice: *"In una grande casa non ci sono soltanto vasi d'oro e d'argento, ma anche vasi di legno e di terra; e gli uni sono destinati a un uso nobile e gli altri a un uso ignobile. Se dunque uno si conserva puro da quelle cose, sarà un vaso nobile, santificato, utile al servizio del padrone, preparato per ogni opera buona".* Il fine di un vaso è quello di contenere oggetti. Dio paragona i suoi figli a dei "vasi" perché in loro Egli può riversare il suo amore e la sua grazia, la sua parola che è la verità, il suo potere e la sua autorità. Pertanto, dobbiamo renderci conto che a conformemente al tipo di vaso che ci siamo preparati ad essere, possiamo godere di ogni buon dono e di ogni benedizione che Dio ha preparato per noi.

Che esemplare di vaso è quel credente che può contenere tutte le benedizioni che Dio ha preparato? Di certo un vaso che l'Eterno ritiene prezioso, nobile e bello.

In primo luogo, un vaso prezioso è colui che compie interamente il dovere che Dio gli ha assegnato. Appartengono a questa categoria Giovanni Battista che ha preparato la strada per il nostro Signore Gesù, Mosè che ha guidato gli Israeliti fuori dall'Egitto.

In secondo luogo, un vaso nobile è quel credente che possiede qualità come l'onestà, la sincerità, la risoluzione e la fedeltà, tutti attributi rari nelle persone normali. Giuseppe e Daniele, entrambi in posizione da primo ministro in paesi potenti, entrambi amati ed elogiati da Dio, appartengono a questa categoria.

Infine, un vaso onorevole davanti a Dio è quel credente che ha un buon cuore, che non alimenta liti, che accetta e tollera tutte le cose in verità. Ester, che ha salvato i suoi connazionali, Abramo, che fu chiamato l'amico di Dio, appartengono a questa categoria.

"Un vaso più prezioso di un gioiello" è quell'individuo che possiede le qualifiche che abbiamo descritto, le qualità che Dio considera rare, decorose e stupende. Un gioiello nascosto tra la ghiaia è immediatamente percepibile. Allo stesso modo, quelli tra il popolo di Dio che sono più preziosi dei gioielli sono senza dubbio ben evidenti.

Il valore di un gioiello varia secondo le sue dimensioni, così come le gemme attraggono l'osservatore in cerca di bellezza a seconda dei loro colori distintivi. Tuttavia, non tutte le pietre scintillanti sono considerati gioielli. I gioielli veri devono possedere, tra le altre qualità, anche tonalità, lucentezza e solidità fisica, vale a dire la capacità di un materiale di resistere al calore, e di non essere contaminato dal contatto con altre sostanze, mantenendo la sua forma originale. Un altro fattore importante è la rarità.

Se vi è un vaso di brillantezza magnifica, solidità fisica ed anche di grande rarità, non pensate che sarà grandemente prezioso, nobile e meraviglioso? Dio vuole che i suoi figli diventino vasi più belli delle pietre preziose, vuole che conducano una vita beata e quando Lui scopre questi vasi, riversa in essi abbondantemente i segni del suo amore e della sua gioia.

Come diventare vasi più preziosi dei gioielli agli occhi di Dio?

In primo luogo, è necessario compiere la santificazione del cuore attraverso la Parola di Dio, che è la verità.

Perché un vaso - qualsiasi vaso - sia impiegato secondo la sua funzione originaria, innanzi tutto, deve essere pulito. Non ci si può avvalere di un costoso vaso d'oro se è sporco o se puzza. Solo dopo che sarà stato ripulito potrà essere utilizzato in base alle sue finalità. Lo stesso vale per i figli di Dio. Egli ha preparato abbondanti benedizioni e una grande varietà di doni per i suoi figli, così come le benedizioni della prosperità e della salute. Per prendere tali favori e tutti questi doni, dobbiamo essere pronti a ricevere, vale a dire, netti, nitidi.

Troviamo in Geremia 17:9 leggiamo: *"Il cuore è ingannevole più di ogni altra cosa, e insanabilmente maligno; chi potrà conoscerlo?"* In Matteo 15:18-19 Gesù dice: *"Ma ciò che esce dalla bocca viene dal cuore, ed è quello che contamina l'uomo. Poiché dal cuore vengono pensieri malvagi, omicidi, adultèri, fornicazioni, furti, false testimonianze, diffamazioni".* Pertanto, solo dopo aver purificato i nostri cuori possiamo diventare vasi puliti e questo è possibile solo attraverso "l'acqua spirituale", vale a dire, la parola di Dio. Efesini 5:26 ci incoraggia a *"... santificar[ci], purificando [ci] per mezzo del lavacro dell'acqua accompagnato dalla parola",* e in Ebrei 10:22 Egli dice ad ognuno di noi: *"avviciniamoci con cuore sincero e con piena certezza di fede, avendo i cuori aspersi di quell'aspersione che li purifica da una cattiva coscienza e il corpo lavato con acqua pura".*

Ma come può l'acqua spirituale - la parola di Dio - purificarci? Nell'obbedire alla serie di disposizioni che si trovano nei sessantasei libri della Bibbia. Le varie indicazioni, i diversi ordini o comandi - come "non fare quello" e "sbarazzati da questo" - servono, in ultima analisi, a liberarci di tutto ciò che è peccato e malvagità.

Il comportamento di coloro che ripuliscono il proprio cuore con la sua Parola cambia così radicalmente da risplendere dalla luce di Cristo. Obbedire in tutto e per tutto alla Parola, però, non può essere realizzato solo con la propria forza di volontà umana ma unitamente all'aiuto e alla guida dello Spirito Santo.

Quando ascoltiamo e comprendiamo la Parola, apriamo i nostri cuori e accettiamo Gesù come nostro Salvatore, Dio ci dà in dono lo Spirito Santo. Lo Spirito Santo risiede nelle persone che accettano Gesù come loro Salvatore e li aiuta a comprendere la Parola della verità. La Scrittura ci dice che *"Quel che è nato dalla carne è carne e quel che è nato dallo Spirito è Spirito"* (Giovanni 3:6). I figli di Dio che ricevono lo Spirito Santo come dono, per la sua forza, sono perfettamente in grado di liberarsi dal peccato e dal male ogni giorno. E' in questo modo che diventiamo uomini e donne spirituali.

Qualcuno di voi è forse ansioso o preoccupato al pensiero di osservare tutti i comandamenti della Parola?

In 1 Giovanni 5:2-3 ci viene ricordato: *"Da questo sappiamo che amiamo i figli di Dio: quando amiamo Dio e osserviamo i suoi comandamenti. Perché questo è l'amore di Dio: che osserviamo i suoi comandamenti; e i suoi comandamenti non sono gravosi".* Se ami Dio dal profondo del tuo cuore, obbedire ai suoi comandi non sarà così difficile.

I genitori si prendono cura di ogni aspetto dei loro neonati, dall'alimentazione all'abbigliamento, dall'igiene al gioco. Occuparsi del proprio figlio, non è mai un'incombenza troppo faticosa. Anche se il bambino si sveglia e grida nel cuore della notte, i genitori non si sentono disturbati, semplicemente perché amano la loro creatura. Fare qualcosa per una persona cara è fonte di grande gioia e felicità, non è difficile o irritante. Per la stessa ragione, se veramente crediamo che Dio sia il Padre dei nostri spiriti e che, nel suo amore incommensurabile, ha dato il suo unigenito Figlio per essere crocifisso per noi, come potremmo non amarlo? E dal momento che lo amiamo, vivere secondo la sua Parola non sarà né arduo né gravoso, anzi, sarà per noi difficile e fonte di dispiacere quando non ci comportiamo secondo la Bibbia e non obbediamo alla sua volontà.

Per quanto mi riguarda, ho sofferto di una serie di malattie debilitanti per sette anni fino a quando mia sorella mi portò in un santuario di Dio. Il fuoco dello Spirito Santo mi ha attraversato ed io sono guarito da tutte le mie malattie, ragione per cui, mi sono inginocchiato nel santuario del Signore ed ho incontrato l'Iddio vivente. Era il 17 aprile 1974. Da allora in poi, ho cominciato a frequentare ogni servizio di culto in segno di gratitudine verso Dio. Nel novembre dello stesso anno, ho frequentato la mia prima settimana di incontri di risveglio, in cui ho cominciato a imparare la Sua Parola, e i fondamenti della vita in Cristo:

'Ecco, questo è Dio!'
'Devo liberarmi da tutti i miei peccati.'
'Questo è quello che succede quando credo!'
'Devo smettere di fumare e di bere.'
'Pregherò continuamente.'
'Dare la decima è necessario, non mi presenterò mai davanti a Dio a mani vuote.'

Per tutta la settimana, ho ricevuto la parola con "Amen!" nel mio cuore e alla fine degli incontri di risveglio, ho smesso di fumare e di bere, ho iniziato a dare le decime e a portare offerte di ringraziamento, a pregare all'alba e nel giro di qualche tempo divenni un uomo di preghiera. Ho fatto esattamente tutto quello che avevo imparato e iniziai a leggere la Bibbia regolarmente.

Sono stato guarito da tutte le mie malattie incurabili e da tutte le mie infermità con la potenza di Dio, in un istante. Ecco perché ho creduto per intero a ogni capitolo e a ogni singolo versetto della Bibbia, sebbene all'inizio, quando ero un principiante della fede, c'erano alcune parti della Scrittura che non mi risultavano di facile comprensione. Ai comandi però, che sono chiari ed espliciti, ubbidii immediatamente. Per esempio, quando leggevo nella Bibbia di non mentire, mi sono detto: 'La menzogna è un peccato! La Bibbia mi dice che non bisogna mentire, quindi non mentirò'. Ho pregato: 'Dio, ti prego, aiutami a non alterare la verità!' Non che andassi in giro ad ingannare la gente con un cuore malvagio, però pregavo in modo che smettessi di mentire, per liberarmi anche delle bugie più piccole o involontarie.

Tutti mentono, la maggior parte delle volte, anche inavvertitamente, senza neanche rendersene conto. Quando vi telefona qualcuno con cui non avete voglia di parlare, vi è mai capitato di chiedere con nonchalance ai vostri figli, a un collega o ad un amico: 'Digli che non sono qui?'. Molte persone mentono in senso di "rispetto" verso gli altri. Questo si verifica, ad esempio, quando fanno visita a qualcuno e gli viene chiesto se vogliono mangiare o bere qualcosa e, anche se non hanno mangiato o hanno sete, non volendo essere di disturbo, spesso raccontano ai loro ospiti: 'No, grazie. Ho appena mangiato qualcosa... Ho preso un caffè prima di venire qui'. Mentire, anche se motivati da buone intenzioni, è pur sempre mentire. Ecco perché ho pregato il Signore di aiutarmi a liberarmi di tutte le mie menzogne, anche di quelle involontarie.

Poi, ho fatto un elenco dettagliato di tutto il male e dei

L'autore Dott. Jaerock Lee

peccati da cui mi dovevo liberare e pregavo con la lista in mano. Quando mi rendevo conto che il Signore mi aveva sicuramente liberato da un'abitudine malvagia o da un'azione peccaminosa che ero solito fare, la spuntavo con una penna rossa dalla lista. Se c'era qualcosa di cui non riuscivo facilmente a liberarmi anche dopo molta preghiera, digiunavo, senza indugio. Se poi non riuscivo a farlo dopo un digiuno di tre giorni, estendevo il digiuno a cinque giorni. Se ripetevo lo stesso peccato, digiunavo per di sette giorni. Raramente, comunque, ho dovuto digiunare per più di una settimana, la maggior parte delle volte erano sufficienti tre giorni perché il Signore mi liberasse da un determinato peccato. In questo modo, attraverso la ripetizione di questo processo, sono diventato pulito, un vaso limpido.

Tre anni dopo aver incontrato il Signore ho buttato via tutta la ribellione alla parola di Dio e ho iniziato ad essere un vero vaso pulito al suo cospetto. Inoltre, osservando doverosamente e diligentemente i comandi della Parola di Dio, tra cui i vari "fai" e "osserva", iniziai a vivere secondo la Bibbia abbastanza rapidamente. Avendo trasformato il mio contenitore, essendo un vaso pulito, Dio mi ha benedetto in abbondanza. La mia famiglia ha ricevuto la benedizione della salute. Ho saldato in tempi molto brevi tutti i miei debiti. Ho ricevuto la benedizione sia fisica che spirituale. Questo perché, la Bibbia ci assicura quanto segue: *"Carissimi, se il nostro cuore non ci condanna, abbiamo fiducia davanti a Dio, e qualunque cosa chiediamo la riceviamo da Lui, perché osserviamo i suoi comandamenti e facciamo ciò che gli è gradito"* (1 Giovanni 3:21-22).

In secondo luogo, per diventare un vaso più prezioso di un gioiello, è necessario essere "raffinati con il fuoco" e brillare di luce spirituale.

Tutte le gemme che si trovano sugli anelli e sulle collane, anche quelle più preziose, una volta erano in uno stato grezzo e sono state perfezionate dal lavoro di artigiani qualificati che ha conferito loro forme aggraziate e una luce scintillanti. Proprio come i gemmari qualificati tagliano, puliscono e raffinano con il fuoco le gemme, convertendo pietre grezze in gioielli luminosi dai lineamenti stupendi, Dio educa i suoi figli. L'Eterno non li disciplina a causa dei loro peccati, ma in modo che attraverso la disciplina loro possano essere benedetti, sia spiritualmente che fisicamente. Agli occhi dei suoi figli che non hanno commesso alcun peccato o non hanno sbagliato, la disciplina potrebbe sembrare la sopportazione di un dolore senza senso, invece questo è un processo attraverso il quale Dio ammaestra ed educa i suoi figli in modo che possano splendere di luce magnifica. 1 Pietro 2:19 ci ricorda che, *"Perché è una grazia se qualcuno sopporta, per motivo di coscienza dinanzi a Dio, sofferenze che si subiscono ingiustamente"*. Sempre in Pietro leggiamo che: *"affinché la vostra fede, che viene messa alla prova, che è ben più preziosa dell'oro che perisce, e tuttavia è provato con il fuoco, sia motivo di lode, di gloria e di onore al momento della manifestazione di Gesù Cristo"*. (1 Pietro 1:7).

Dio disciplina e prova i suoi figli, anche se e quando sono vasi ben puliti, in modo che diventino vasi ad onore, più preziosi dei gioielli. Proprio perché Dio è la luce gloriosa, senza difetto né ombra, (come dice la seconda metà di 1 Giovanni 1:5 *"Dio è luce e in lui non ci sono tenebre"*), Egli desidera portare i suoi figli al suo stesso livello di luminosità.

Quando si supera qualsiasi prova che in bontà e in amore Dio permette, si diventa più lucenti e dei vasi migliori, e, il livello di autorità spirituale esercitabile si differenzia in base alla luminosità della luce spirituale che un vaso contiene. Inoltre, quando la luce spirituale risplende, il nemico, il diavolo, Satana, non può nulla contro di voi.

In Marco 9 è narrata una scena in cui Gesù scaccia uno spirito maligno da un ragazzo portatogli da suo padre. Gesù ordinò allo spirito: *"Spirito muto e sordo, io te lo comando, esci da lui e non rientrarvi più"* (v. 25). Lo spirito immondo lasciò il ragazzo, che immediatamente guarì. Poco prima viene riportato un ulteriore episodio in cui un altro padre porta suo figlio indemoniato ai discepoli di Gesù, e che loro, però, non riuscirono a scacciare il maligno. Questo perché il livello di luce spirituale dei discepoli e il livello di Gesù erano diversi.

Che cosa dobbiamo fare noi per entrare nel livello di luce

spirituale di Gesù? Trionfare in ogni prova, credere fermamente in Dio, superare il male con il bene e amare il nostro nemico. Una volta che la tua bontà, l'amore e la giustizia verranno ritenuti veri, proprio come Gesù, anche tu scaccerai gli spiriti maligni e curerai eventuali malattie e infermità.

Benedizioni per i vasi ad onore

Nel mio cammino di fede. nel corso degli anni, anche io ho subito innumerevoli prove. Per esempio, delle accuse personali pubblicate da un programma televisivo nazionale, che ha instaurato contro di me un vero e proprio processo denigratorio mediatico, doloroso e straziante come la morte. Come conseguenza, molte delle persone che avevano conosciuto la grazia attraverso di me e molti altri che consideravo più vicino della mia stessa famiglia, mi ha tradito.

Per i non credenti sono diventato oggetto di incomprensione e bersaglio di svariate colpe, mentre, molti membri della Manmin Church hanno sofferto e sono stati ingiustamente perseguitati. Tuttavia, i membri della chiesa ed io abbiamo superato tutto questo attraverso quel corso di bontà di cui parlavo prima, abbiamo arreso tutto nelle mani di Dio, pregando in amore e misericordia che Egli perdonasse.

Per quanto mi riguarda, non ho mai odiato quelli che mi

hanno lasciato e hanno reso le cose così difficili per la Chiesa. Nel mezzo di questo processo straziante, ho fedelmente creduto che il Padre, il mio Dio, mi amava, ed è così che ho potuto affrontare con bontà e amore anche quelli che ci hanno fatto del male. Come lo studente riceve il riconoscimento per il suo duro lavoro attraverso un esame, una volta che la mia fede, la bontà, l'amore e la giustizia hanno ricevuto il riconoscimento di Dio, Egli mi ha benedetto, manifestando il suo potere attraverso di me in modo sempre più grande. Al termine di questa prova, Egli ha aperto la porta per compiere la missione mondiale. Dio ha operato in modo che decine di migliaia, centinaia di migliaia, e persino milioni di persone abbiano partecipato alle crociate oltremare che ho condotto, ed Egli è sempre stato con me, con il suo potere che trascende il tempo e lo spazio.

La luce spirituale con cui Dio ci circonda è più luminosa e più bella di quella di qualsivoglia pietra preziosa di questo mondo, e Lui considera i suoi figli che si circondano di questa luce dei vasi ad onore.

Prego nel nome del Signore Gesù Cristo che ciascuno di voi possa rapidamente raggiungere la santificazione e diventare un vaso ripieno di luce attraverso le prove che Lui permette, che ognuno di voi sia un vaso migliore di un gioiello, in modo che riceviate tutto quello che chiederete e conduciate una vita beata!

Messaggio 4
La Luce

La luce spirituale
Camminiamo nella luce, al fine di incontrare Dio
Quando camminiamo nella luce abbiamo comunione con Dio
Padri della fede che hanno avuto vera comunione con Dio
Benedizioni per quelli che camminano nella Luce
Io vivo nella luce?

1 Giovanni 1:5

Questo è il messaggio
che abbiamo udito da lui
e che vi annunziamo:
Dio è luce,
e in lui
non ci sono tenebre.

La luce può assumere molte forme ed essere utilizzata per molteplici impieghi. In linea generale, soprattutto, la luce illumina le tenebre, fornisce calore, uccide i batteri nocivi o funghi. Inoltre, grazie alla luce, le piante vivono attraverso la fotosintesi.

Siamo di certo in grado di toccare e vedere la luce fisica ad occhi nudi, mentre, la luce spirituale, non possiamo né vederla né toccarla. Proprio come la luce fisica, anche la luce spirituale ha molteplici impieghi. Quando di notte si accende la luce, l'oscurità svanisce subito, allo stesso modo, quando la luce spirituale brilla nella nostra vita, le tenebre spirituali rapidamente svaniscono fintanto che camminiamo nell'amore di Dio e nella sua misericordia. Poiché l'oscurità spirituale è la radice di tutte le malattie, di tutti i vostri problemi a casa, al lavoro e nelle relazioni, non possiamo trovare conforto vero finché non incontriamo la luce divina. Infatti, quando la luce spirituale brilla sulla nostra vita, tutti i nostri problemi, anche quelli che vanno oltre il limite della conoscenza dell'uomo e tutti gli intoppi in cui incappiamo, possono essere risolti e i nostri desideri ricevere risposta.

La luce spirituale

Che cos'è la luce spirituale e come funziona? Nella seconda metà di 1 Giovanni 1:5 troviamo che *"Dio è luce, e in lui non ci sono tenebre"*, e in Giovanni 1:1 *"... la Parola era Dio"*. In sintesi, Dio non è solo "la luce" ma anche "la parola" intesa come verbo proferito, sostanzialmente come suono. Prima della creazione di tutte le cose, nella vastità dell'infinito, Dio esisteva da solo e non aveva alcuna forma. Nella sua forma sostanziale e complessa "luce/suono" Dio inglobava l'infinito. Una radiazione luminosa brillante e magnifica circondò l'infinito e da quella luce una voce elegante, chiara, potente e incontenibile fuoriuscì.

Dio, che esisteva come luce e come suono, raffigurò la provvidenza della coltivazione degli uomini per raccogliersi dei veri figli, poi, prese la forma della Trinità, e, a sua immagine e somiglianza creò il genere umano.

Ciò nonostante, l'essenza di Dio è tuttora luce è tuttora suono. Egli opera ancora attraverso la luce e il suono, essendo la sua struttura originaria composta da bagliore e fonema di infinita potenza. I sessantasei libri della Bibbia sono l'insieme delle verità della luce spirituale pronunciate in un suono.

Dalla luce di Dio, intrinsecamente, provengono anche Amore e Bontà.

Infatti, i suoi comandi non sono altro che la Luce espressa

attraverso il Suono che nel verbo prescrive bontà, giustizia e amore, come "Amatevi gli uni gli altri", "Pregate incessantemente", "Osservate il Sabato", "Obbedite ai Dieci Comandamenti", etc.

Camminiamo nella luce, al fine di incontrare Dio

Mentre Dio governa il mondo della luce, il nemico governa il mondo delle tenebre. Poiché Satana si oppone a Dio, le persone che vivono nel mondo delle tenebre non possono incontrare Dio. Al fine di incontrare il Signore, risolvere problemi irrisolti e ricevere risposte, quindi, occorre uscire immediatamente dal mondo dell'oscurità ed entrare nel mondo della luce.

Nella Bibbia troviamo molti comandi del "fare", come "Amatevi gli uni gli altri", "Servitevi l'un l'altro", "Pregate sempre", "Siate grati", e via discorrendo. Ci sono anche i comandi dell'"osservare", tra cui "Osservate il giorno del Signore", "Osservate i miei comandamenti", "Osservate i dieci comandamenti" e simili. Ci sono anche i comandi del "non", tra cui: "Non mentire", "Non odiare", "Non cercare il tornaconto personale", "Non adorare gli idoli", "Non rubare", "Non invidiare", "Non fare maldicenze" e così via. Ci sono anche i comandi dello "sbarazzati", come "Liberatevi di ogni sorta di male", "Gettate via l'invidia e la gelosia", "Sbarazzatevi dell'avidità", e simili.

Se da un lato, obbedire a questi comandi di Dio è vivere nella luce e crescere nella somiglianza del nostro Signore e di Dio nostro Padre, dall'altro, se non fate quello che Dio dice, se non osservate quello che dice di osservare, se fate ciò che Egli dice di non fare, e non vi liberate di quello di cui vi dice di liberarvi, continuerete a vivere nel buio. Ricordate che disobbedire alla parola di Dio significa vivere nel mondo delle tenebre che è governato dal nemico, da Satana, per questo vi sprono, sforzatevi di vivere sempre secondo la Parola e di camminare nella luce.

Quando camminiamo nella luce abbiamo comunione con Dio

Come la prima metà di 1 Giovanni 1:7 ci dice: *"Ma se camminiamo nella luce, com'egli è nella luce, abbiamo comunione l'uno con l'altro",* solo camminando e abitando nella luce possiamo dichiarare di essere in comunione con Dio.

Così come vi è comunione tra un padre e i suoi figli, anche noi dobbiamo anche avere comunione con Dio, il Padre dei nostri spiriti. Tuttavia, al fine di stabilire e mantenere la comunione con Lui, dobbiamo soddisfare un requisito: liberarci del peccato e camminare nella luce. Questo perché: *"Se diciamo che abbiamo comunione con lui e camminiamo nelle tenebre, noi mentiamo e non mettiamo in pratica la verità."* (1

Giovanni 1:6). La "comunione" non è una condizione attuabile in modo unilaterale. Solo perché conoscete qualcuno, non vuol dire che siete in comunione con quella persona. La "comunione" avviene solo quando entrambe le parti sono abbastanza vicine da conoscersi, da fidarsi, da conversare e dipendere l'un l'altro. Ecco, solo in questo caso ci può essere comunione.

Vi faccio un esempio pratico. La maggior parte di voi conosce il presidente del proprio paese, ma, non importa quanto bene conosciate la sua storia personale, se il presidente non conosce voi, non c'è nessuna "comunione" tra voi e lui. Inoltre, la comunione ha diversi livelli di profondità. Due persone possono essere conoscenti o abbastanza vicini da fare conversazioni spicce o avere un rapporto intimo, all'interno del quale si condividono anche i segreti più profondi.

Lo stesso vale per la comunione con Dio. Per farsì che il nostro rapporto con Lui sia vera comunione, Dio deve conoscerci e noi conoscere Lui. Se siamo in comunione profonda con Lui, non saremo né malati né deboli e tutto quello che gli chiediamo riceverà risposta. Dio vuole dare ai suoi figli solo il meglio, e per questo in Deuteronomio 28 promette che quando lo rispettiamo pienamente e osserviamo attentamente tutti i suoi comandi, Egli ci benedirà nell'uscire e nell'entrare, ci darà tutto ciò di cui abbiamo bisogno, non avremo mai necessità di domandare qualcosa in prestito a nessuno, e saremo la testa e non la coda.

Padri della fede che hanno avuto vera comunione con Dio

Che tipo di comunione aveva Davide con Dio tale da ritenerlo: *"un uomo secondo il mio cuore"* (Atti 13:22)? Davide amava, temeva e dipendeva completamente da Dio in ogni momento. Quando correva da Saul o andava a combattere, come un bambino che chiede a un genitore quello che deve fare, Davide ha sempre chiesto a Dio: "Devo andare? Dove devo andare?". E faceva quello che Lui gli comandava di fare. Dio, infatti, ha sempre fornito a Davide risposte dettagliate e gentili e Davide, facendo ciò che Dio gli diceva, raggiunse vittoria dopo vittoria (2 Samuele 5:19-25).

Davide godeva di un bellissimo rapporto con Dio per via della sua fede, motivo per cui piaceva a Dio. Ad esempio, nei primi mesi del regno di re Saul, i Filistei invasero Israele. I Filistei erano guidati da Golia, che si prendeva gioco delle truppe di Israele, bestemmiando e sfidando il nome di Dio e nessuno dal campo di Israele osava sfidare il gigante. Anche se era poco più di un ragazzino, Davide affrontò Golia armato solo di fionda e di cinque pietre da fiume ben levigate, dato che confidava nel Dio onnipotente di Israele, perché credeva che la battaglia appartiene all'Eterno (1 Samuele 17). Infatti, Dio fece sì che una pietra colpisse la fronte di Golia. Dopo la morte di Golia, le circostanze presero tutta un'altra piega e Israele raggiunse la vittoria totale sui filistei.

Ecco perché Dio definì Davide "un uomo secondo il mio cuore", a motivo di questa sua grande fede. Come padre e figlio che discutono di ogni cosa, Davide raggiunse ogni sua meta con Dio al suo fianco.

La Bibbia dice che Dio parlava con Mosè faccia a faccia e quando Mosè audacemente Gli chiese di mostrargli il suo volto, Dio era desideroso di dargli tutto ciò che chiedeva (Esodo 33:18). Quali erano le ragioni per cui Mosè poté godere di un rapporto così stretto e intimo con Dio?

Dopo aver condotto gli Israeliti fuori dall'Egitto, Mosè digiunò e rimase in comunione con Dio per quaranta giorni in cima al monte Sinai. Tardando a tornare, gli Israeliti si fecero un idolo da adorare. Vedendo questo, Dio disse a Mosè che avrebbe distrutto gli Israeliti e che avrebbe fatto di lui *"…una grande nazione"* (Esodo 32:10).

In tutta risposta Mosè pregò dicendo: *"Calma l'ardore della tua ira e pèntiti del male di cui minacci il tuo popolo"* (Esodo 32:12). Il giorno dopo, pregò Dio di nuovo: *"Ahimè, questo popolo ha commesso un grande peccato e si è fatto un dio d'oro; nondimeno, perdona ora il loro peccato! Se no, ti prego, cancellami dal tuo libro che hai scritto!"* (Esodo 32:31-32). Queste preghiere sono una sorprendente dimostrazione d'amore!

In Numeri 12:3, inoltre, leggiamo: *"Or Mosè era un uomo molto umile, più di ogni altro uomo sulla faccia della terra".* In Numeri 12:7 si legge: *"Non così con il mio servo Mosè, che è fedele in tutta la mia casa."* A ragione del suo grande amore e per il suo cuore mite, Mosè fu fedele alla casa dell'Eterno ed ebbe il privilegio di una comunione intima con Lui.

Benedizioni per quelli che camminano nella Luce

Gesù, venuto come la luce del mondo, ha insegnato solo la verità del Vangelo e del cielo. Tutti quelli che appartenevano al nemico e vivevano nelle tenebre, però, non erano in grado di comprendere la luce, anche quando veniva loro spiegata. Presi da un'imperterrita opposizione, percorrendo il percorso della distruzione, le persone del mondo delle tenebre non hanno accettato la luce e non hanno ricevuto la salvezza.

Gli individui di buon cuore riconoscono i propri peccati, si pentono e raggiungono la salvezza attraverso la luce della verità. Seguendo i desideri dello Spirito Santo, ravvivano il loro spirito su base giornaliera e possono camminare nella luce, infatti, la mancanza di sapienza o le loro incapacità non sono più un problema. Quando si stabilisce la comunione con Dio che è luce e si obbedisce alla voce dello Spirito Santo, tutto andrà bene. Se mancate di saggezza, chiedendola al cielo, la riceverete, se avete dei problemi intricati come una ragnatela, nulla impedirà che siano risolti, nessun ostacolo potrà bloccare il vostro cammino, perché lo Spirito Santo istruisce i figli della luce personalmente in ogni fase del processo.

1 Corinzi 3:18 ci esorta così: *"Nessuno s'inganni. Se qualcuno tra di voi presume di essere un saggio in questo secolo, diventi pazzo per diventare saggio"*. Dobbiamo renderci conto che la sapienza del mondo è mera stoltezza di fronte a Dio.

Anche Giacomo 3:17 dice: *"La saggezza che viene dall'alto, anzitutto è pura; poi pacifica, mite, conciliante, piena di misericordia e di buoni frutti, imparziale, senza ipocrisia."*

Nel processo di santificazione, mentre camminiamo verso la luce, la saggezza dal cielo scenderà su di noi, raggiungeremo un elevato livello di felicità ed anche se ci manca qualcosa, non ci sembrerà di aver bisogno di nulla.

L'apostolo Paolo confessa in Filippesi 4:11: *"Non lo dico perché mi trovi nel bisogno, poiché io ho imparato ad accontentarmi dello stato in cui mi trovo"*. Come Paolo, anche noi, se camminiamo nella luce, la pace di Dio, che dona gioia traboccante, ci raggiungerà. I credenti che sono in pace con tutti, non litigano, non sono ostili nei confronti dei loro familiari, al contrario, man mano che amore e grazia scaturiscono dal loro cuore, ringraziano Dio continuamente per tutti quelli che li circondano.

Inoltre, quando camminiamo nella luce e somigliamo a Dio, come dice il Signore in 3 Giovanni 1:2: *"Carissimo, io prego che in ogni cosa tu prosperi e goda buona salute, come prospera l'anima tua"*, riceviamo benedizioni e prosperità in tutto, ma anche l'autorità e il potere di Dio che è la luce.

Dopo che Paolo incontrò il Signore e iniziò a camminare nella luce, Dio gli permise di manifestare un potere incredibile come apostolo dei gentili. Anche se Stefano e Filippo non erano dei profeti o dei discepoli di Gesù, Dio ha operato grandemente attraverso di loro. In Atti 6:8, leggiamo che Stefano: pieno di grazia e di potenza, faceva grandi prodigi e segni tra il popolo." In Atti 8:6-7 si narra che: *"E le folle unanimi prestavano attenzione alle cose dette da Filippo, ascoltandolo e osservando i miracoli che faceva. Infatti gli spiriti immondi uscivano da molti indemoniati, mandando alte grida; e molti paralitici e zoppi erano guariti"*.

Manifesterete la potenza di Dio in base alla vostra santificazione, al vostro cammino nella luce, più simili sarete al Signore, più lui rivelerà il suo potere attraverso di voi, anche se, purtroppo, sono sempre troppo poche le persone su cui si manifesta la potenza di Dio. Anche tra coloro che dispiegano il potere divino, l'ampiezza della sua potenza si manifesta in modo diverso a seconda di quanto ogni persona somiglia a Dio che è luce.

Io vivo nella luce?

Al fine di ricevere le benedizioni sorprendenti che acquisiscono coloro che camminiamo nella luce, ognuno di noi deve prima esaminare sé stesso e chiedersi "io sto vivendo nella luce?".

Anche se non hai uno specifico problema da risolvere, l'esame va fatto comunque, per vedere se fino ad ora hai vissuto una vita in Cristo "tiepida", per renderti conto di quanto senti la voce dello Spirito Santo ogni giorno, di come e se lo Spirito Santo governa la tua vita. Se per caso la tua condizione è debole, ti incoraggio, svegliati dal tuo dal torpore spirituale.

In ogni caso, essersi sbarazzato di una parte di malvagità che abita nel cuore non è una condizione soddisfacente, infatti, come un bambino cresce e diventa adulto, è necessario raggiungere la fede dei padri, coltivare grande profondità di amicizia con Dio e un'intima comunione con Lui.

Se si sta correndo verso la santificazione, è necessario individuare anche i frammenti più minuti della radice malvagia ancora presenti nel cuore ed estirparli. Più hai autorità dall'alto e più sarai la testa (e non la coda ndt), più cercherai gli interessi degli altri piuttosto che i tuoi. Quando gli altri, compresi coloro che consideri meno di te, ti fanno notare i tuoi torti, devi tenerne conto, e, invece di provare risentimento o disagio e allontanare coloro che secondo te ti hanno fatto del male, tollera in amore e bontà. Non disprezzare mai nessuno, non ignorare gli altri nella tua giustizia e non distruggere la pace.

Per quanto mi riguarda, ho sempre cercato di mostrare e dare più amore al più giovane, al più povero e al più debole. Come i genitori che si preoccupano per i figli più deboli piuttosto che di quelli forti, più per i malati preferibilmente a quelli sani, ho pregato di più per le persone in situazioni limite, per quelli che nessuno considera, cercando di servire loro prima degli altri, dal profondo del mio cuore. Coloro che camminano nella luce devono avere compassione per tutti, soprattutto per quelli che hanno fatto grandi sbagli, devono essere in grado di perdonare, di coprire le loro colpe, invece che di esporle.

Nel compiere l'opera di Dio non fatevi belli con i vostri meriti o con ciò che siete riusciti a realizzare, piuttosto, riconoscete gli sforzi di quanti hanno lavorato con voi. Quando il loro impegno sarà riconosciuto e lodato, la vostra felicità e il vostro appagamento saranno di gran lunga maggiori.

Riuscite ad immaginare quanto Dio ami quei figli il cui cuore somiglia al cuore del nostro Signore? Come ha camminato con Enoch per 300 anni, Dio camminerà con coloro che assomigliano a Lui. Non solo, egli darà loro tutte le benedizioni possibili nella salute, negli affari, ma soprattutto, il suo potere, utilizzandoli come vasi preziosi.

Prego nel nome del nostro Signore Gesù Cristo che tu esamini te stesso, la tua fede, il tuo amore per Lui, che tu possa camminare nella luce in modo che la tua vita trabocchi di testimonianze del suo amore e di comunione con Lui!

Messaggio 5
La Potenza della Luce

L'apostolo Paolo manifestò talmente tanto potere
    che alcuni lo considerarono un "Dio"
La potenza di Dio è Luce
Differenze tra autorità, abilità e potere di Dio
Differenza tra dono di guarigione e di potenza
Quattro livelli di potenza di Dio che è Luce
Il Potere della Creazione, il potere più alto
Ricevere la potenza di Dio che è luce

1 Giovanni 1:5

*Questo è il messaggio
che abbiamo udito da lui
e che vi annunziamo:
Dio è luce, e in lui
non ci sono tenebre.*

La Bibbia racconta tanti episodi in cui persone hanno ricevuto salvezza, guarigione e le risposte che cercavano attraverso il lavoro veramente incredibile della potenza di Dio manifestato attraverso Gesù, il Figlio di Dio. Su ordine di Gesù qualsiasi malattia veniva immediatamente guarita, gli infermi erano sanati e ristabiliti, i ciechi vedevano, i muti iniziavano a parlare, i sordi a sentire.

Un uomo con la mano raggrinzita fu guarito, gli zoppi riprendevano a camminare e i paralitici ricevevano la guarigione. Non solo, gli spiriti maligni venivano cacciati via e i morti resuscitavano.

Queste opere di straordinaria potenza divina furono manifestate da Gesù ma anche da molti profeti del Vecchio Testamento e dagli apostoli del Nuovo Testamento. Naturalmente, la manifestazione della potenza di Dio attraverso Gesù non poteva mai essere uguale a quella dei profeti o degli apostoli. Tuttavia, a quanti gli somigliamo, Gesù dona il suo potere, per usarsi di loro come dei vasi ad onore. Dio, che è luce, ha manifestato la sua potenza attraverso dei diaconi, come Stefano e Filippo, perché avevano compiuto la santificazione, camminavano nella luce e assomigliavano al Signore.

L'apostolo Paolo manifestò talmente tanto potere che alcuni lo considerarono un "Dio"

Tra tutti i personaggi del Nuovo Testamento, certamente la manifestazione della potenza di Dio mostrata dall'apostolo Paolo è seconda solo a quella mostrata da Gesù. Paolo ha predicato il Vangelo ai pagani, che non conoscevano Dio, accompagnando i suoi messaggi con l'autorità di segni e prodigi. Con questo tipo di potere, Paolo era il perfetto testimone dell'Iddio vivente e della divinità di Gesù Cristo.

Considerato che tra i pagani l'adorazione degli idoli e le arti magiche erano dilaganti a quel tempo, quasi certamente c'erano molti imbroglioni e tanti truffatori che illudevano la gente. La diffusione del Vangelo nel mezzo di queste persone richiedeva una reale manifestazione della potenza di Dio tale da superare di gran lunga il potere delle magie e dell'attività degli spiriti maligni (Romani 15:18-19).

Nel capitolo 14 degli Atti degli Apostoli, dal versetto 8 in poi è narrato l'episodio in cui l'apostolo Paolo predicò il Vangelo in una regione chiamata Listra. Ad un certo punto, Paolo comandò ad un uomo che era stato zoppo per tutta la vita *"«Alzati in piedi». Ed egli saltò su, e si mise a camminare"* (Atti 14:10). Quando la gente vide questo, iniziò a dire *"Gli dèi hanno preso forma umana, e sono scesi fino a noi"* (Atti 14:11). Non solo, in Atti 28 è raccontato l'arrivo dell'apostolo Paolo sull'isola di

Malta in seguito ad un naufragio. In quel frangente, era stato raccolto un mucchio di sterpaglie per fare un po' di fuoco. Il calore fece uscire dai rami una vipera che morse la mano dell'apostolo, letteralmente, gli si attaccò alla mano! Nel vedere questa scena, gli isolani si aspettavano che Paolo morisse da un momento all'altro, ma quando questo non accadde, la gente iniziò a dire che era un dio (v. 6).

Il cuore di Paolo era a posto di fronte a Dio, per questo l'Eterno gli permise di manifestare la Sua potenza, anche se questo avrebbe portato della gente a credere che lui fosse un dio. Questa cosa non lo avrebbe minimamente scosso o alterato, Il suo cuore era perfetto.

La potenza di Dio è Luce

La potenza è data non perché qualcuno meramente, la vuole. Il potere di Dio viene impartito solo a coloro che gli assomigliano e che hanno compiuto la santificazione. Ancora oggi Dio cerca persone a cui dare il suo potere, da usare come vasi di gloria. È per questo che Marco 16:20 ci ricorda che: *"E quelli se ne andarono a predicare dappertutto e il Signore operava con loro confermando la Parola con i segni che l'accompagnavano"*. Gesù ha anche detto in Giovanni 4:48, *"Se non vedete segni e miracoli, voi non crederete"*.

Condurre folle intere sulla strada della salvezza, manifestare segni e prodigi come testimonianza diretta dell'Iddio vivente, richiede potere dall'alto. In un'epoca in cui il peccato e il male prosperano, i segni e i prodigi sono tanto più necessari.

Quando camminiamo nella luce e diveniamo uno in spirito con Dio nostro Padre, siamo anche in grado di manifestare la grandezza del potere che Gesù ha manifestato. Questo avviene perché il nostro Signore ha promesso: *"In verità, in verità vi dico che chi crede in me farà anch'egli le opere che faccio io; e ne farà di maggiori, perché io me ne vado al Padre"* (Giovanni 14:12).

Se qualcuno manifesta la potenza del regno spirituale che è possibile solo a Dio, allora deve essere riconosciuto come da di Dio. Il Salmo 62:11 ci ricorda che: *"Dio ha parlato una volta, due volte ho udito questo: che il potere appartiene a Dio"*. Il nemico, il diavolo, Satana non può manifestare questo tipo di potestà. Naturalmente, essendo degli esseri spirituali, il diavolo ed il suo esercito hanno un potere superiore a quello degli esseri umani che consente loro di illudere le persone e di costringerle ad opporsi a Dio. Un fattore, tuttavia, rimane certo: nessun può imitare la potenza di Dio, il potere con cui Egli controlla la vita, la morte, la benedizione, la maledizione, la storia del genere umano, la creazione di qualsiasi cosa dal nulla. La potenza appartiene solo al regno di Dio che è luce, e può essere manifestata solo da coloro che hanno compiuto la santificazione e hanno raggiunto la misura della fede di Gesù Cristo.

Differenze tra autorità, abilità e potere di Dio

Nel riferirsi all'autorità, all'abilità e al potere di Dio, molte persone non conoscono la limpidissima differenza che c'è tra questi tre elementi.

Per abilità si intende la forza della fede con la quale qualcosa di impossibile all'uomo è possibile a Dio.

L'autorità è quel potere solenne, dignitoso e maestoso con cui Dio ha stabilito, nel regno spirituale, lo stato di assenza del peccato. In altre parole, l'autorità di Dio è lo stato di santificazione completo, e a quei figli di Dio, che si sono sbarazzati completamente del male e della menzogna del cuore, è dato di ricevere questa autorità spirituale.

Qual è, allora, è il potere di Dio? Esso è la combinazione dell'autorità e dell'abilità divina, che Egli dona a coloro che vivono evitando ogni tipo di male e nella santificazione.

Facciamo un semplice esempio. Un conducente ha l'"abilità" di guidare il suo veicolo, il vigile, invece, che dirige il traffico, ha l'autorità di fermare qualsiasi veicolo. Questa autorità - fermare, controllare e rimettere in strada veicoli - gli è stata conferita da un organo superiore di governo. Pertanto, anche se il conducente ha l'"abilità" di guidare un veicolo, dal momento che non ha l'"autorità" di un funzionario del traffico, quando questi gli intima l'alt per fermarsi o gli fa vedere il verde per ripartire, il conducente deve prestare attenzione e fare ciò che l'ufficiale gli ordina.

Ecco in cosa differiscono autorità e abilità. Quando autorità e abilità sono combinate, possiamo chiamare questa concomitanza potere. In Matteo 10:1 si legge di Gesù che: *"...chiamati a sé i suoi dodici discepoli, diede loro il potere di scacciare gli spiriti immondi e di guarire qualunque malattia e qualunque infermità"*. Il potere implica la simultanea proprietà dell'"autorità" per scacciare gli spiriti maligni e della "abilità" di guarire tutte le malattie e tutte le infermità.

Differenza tra dono di guarigione e di potenza

Coloro che non hanno familiarità con la potenza di Dio che è luce, spesso la confondono con il dono di guarigione. Il dono di guarigione, come descritto in 1 Corinzi 12:9, si riferisce a quell'operazione che brucia via le malattie causate da virus. Non è possibile ad esempio, attraverso questo dono, curare la sordità o il mutismo, condizioni derivanti dalla degenerazione di alcune parti del corpo o dalla morte di determinate cellule nervose. Tali casi di malattie e di infermità possono essere guariti solo con la potenza di Dio e dalla preghiera della fede in cui Lui si compiace. Inoltre, mentre la potenza di Dio che è luce si manifesta in ogni momento, il dono della guarigione non sempre agisce.

Da un lato, Dio dà il dono della guarigione a coloro che, a prescindere dal grado di santificazione del cuore, amano e pregano sinceramente per gli altri e per il loro spirito, persone che Dio ritiene essere dei vasi coraggiosi e utili. Tuttavia, se il dono della guarigione non viene utilizzato per la sua gloria, ma in modo improprio e per benefici personali, Dio certamente se lo riprende.

Il potere di Dio, invece, viene da Lui donato solo a coloro che hanno compiuto la santificazione del cuore, e, una volta elargito, non si indebolisce e non appassisce, perché il destinatario non lo utilizzerà mai a proprio vantaggio. Non solo, più il vostro cuore somiglia al cuore del Signore, più alto il livello di potenza che Dio vi conferirà. Se il cuore e il comportamento di un individuo diventano uno con il Signore, quest'uomo potrà anche manifestare le stesse opere e la stessa potenza divina che ha dimostrato Gesù.

Ci sono differenze nel modo in cui il potere di Dio si manifesta. Il dono della guarigione, come pocanzi menzionato, non può guarire malattie gravi o rare, ed è più difficile, per coloro che hanno poca fede, ricevere la guarigione attraverso questo dono. D'altro canto, invece, attraverso la potenza di Dio che è luce, nulla è impossibile. Basta che il malato mostri anche una piccola prova di fede - intesa come convinzione spirituale profonda che viene dal cuore - la guarigione attraverso la potenza di Dio avviene immediatamente.

Quattro livelli di potenza di Dio che è Luce

Per mezzo di Gesù Cristo, che è lo stesso oggi come ieri, chiunque Egli consideri un recipiente adatto ai suoi occhi, manifesterà la sua potenza.

Gli ambiti in cui la potenza di Dio si manifestazione sono diversi. Più l'uomo spirituale è presente, più elevata la potenza divina attraverso la quale agisce. Gli esseri umani, essendo creature, possono manifestare fino a quattro livelli di potenza di Dio.

Ci sono dei credenti i cui occhi spirituali sono stati aperti e per questo vedono i diversi gradi di "illuminazione" della luce spirituale che accompagna un individuo, a seconda della potenza di Dio che agisce in lui (o in lei).

Il primo livello di potere, manifestazione della potenza di Dio attraverso "luce rossa", la cui azione è distruggere per il fuoco dello Spirito Santo.

"Versavo lacrime giorno e notte.

Faceva troppo male essere per tutti'il bambino con l'AIDS".

Il Signore mi ha guarito con la sua potenza e ha ridato la gioia alla mia famiglia.

La mia felicità adesso è completa!"

Honduras - Esteban Juninka
Guarito dall'Aids

Il fuoco dello Spirito Santo si manifesta con dei bagliori di luce rossa quando un credente agisce attraverso il potere di Dio al primo livello. In quest'ambito possono essere guarite tutte quelle malattie che trovano la loro origine nelle azioni di germi e virus, infettive e virali. Infermità come cancro, malattie polmonari, diabete, leucemia, malattie renali, artriti, problemi cardiaci, e l'aids. Tutte condizioni che possono essere guarite da questo livello di potenza di Dio. Tuttavia, per chi soffrendo di questi mali si trovi ad un passo dal confine della vita, come nel caso dell'ultimo stadio di cancro o di malattie polmonari, Dio ha stabilito che il primo livello di potere non sarà sufficiente.

Il ripristino di parti del corpo permanentemente danneggiate o che non funzionano più correttamente, richiede una maggiore potenza, che non solo guarisce ma che anche ricostruisce ex-novo delle porzioni di struttura fisica. Anche in questo caso, il grado di esposizione del paziente, la sua fede, così come la fede della sua famiglia e l'amore con cui pregano per lui, determineranno il livello in cui Dio mostrerà la Sua potenza.

Fin dalla fondazione della nostra chiesa, la Manmin Central Church, siamo stati testimoni di innumerevoli manifestazioni del primo livello di potenza. Era sufficiente che la gente obbedisse alla parola di Dio e ricevesse la preghiera che malattie di tutte le condizioni e gravità erano ripulite. Abbiamo anche molteplici testimonianze di guarigioni su persone che hanno stretto la mia mano o toccato il bordo dei miei vestiti, che hanno

"Ho visto di nuovo la luce. Finalmente! Dopo un tunnel lungo 14 anni! Avevo rinunciato a me stesso, ed ora sono rinato per la potenza del Signore".

Pakistan - Shama Masaż, Liberato dopo 14 anni di possessione demoniaca

ricevuto la preghiera con dei fazzoletti sui quali io avevo pregato o attraverso la preghiera registrata su messaggi telefonici automatizzati, ma anche di pazienti guariti dopo che avevo pregato sulle loro fotografie. Siamo stati e siamo continuamente testimoni della guarigione divina, da sempre.

L'opera del potere di Dio manifestato al primo livello non si limita a distruggere batteri ed infezioni attraverso il fuoco dello Spirito Santo. Infatti, quando si prega con fede e si è sotto ispirazione dello Spirito Santo, quando Lui tocca e riempie, ogni individuo può manifestare una potenza di Dio anche maggiore di questa. Ciononostante, siffatto potere è un fenomeno temporaneo che si verifica secondo la sua divina volontà e non una prova dell'impianto permanente della potenza di Dio.

Il secondo livello di potere, manifestazione della potenza di Dio, attraverso la "la luce blu".

Malachia 4:2 ci dice: *"Ma per voi che avete timore del mio nome spunterà il sole della giustizia, la guarigione sarà nelle sue ali; voi uscirete e salterete, come vitelli fatti uscire dalla stalla."* Uomini e donne spirituali, i cui occhi sono stati aperti, sono in grado di vedere fasci luminosi di guarigione di luce blu, simili a laser, emanati da credenti che operano in quest'ambito di potenza divina.

Il secondo livello della potenza di Dio, caccia via l'oscurità e libera la gente che è posseduta dal demonio, che è controllata da Satana e dominata da vari tipi di spiriti maligni. Con il secondo livello della potenza di Dio è possibile ricevere la guarigione da una vasta gamma di malattie mentali imposte sulla terra dalle forze delle tenebre, tra cui anche l'autismo e l'esaurimento nervoso. Queste patologie possono essere prevenute se ci "rallegriamo sempre" e "rendiamo grazie in ogni cosa". Se invece di essere sempre gioiosi e grati arriviamo ad odiare gli altri, conserviamo rancore e cattivi sentimenti, se ci riempiamo la testa di pensieri negativi e diventano facilmente irascibili, diverremo anche più vulnerabili a queste condizioni. Quando le forze di Satana - che spingono gli uomini verso pensieri negativi e malvagi, in modo che finanche il cuore diventi maligno - vengono cacciate via, anche tutte le malattie mentali naturalmente sono guarite e spariscono.

A volte è possibile che, attraverso il secondo livello della potenza e dalla luce di Dio, vengano guarite anche malattie ed infermità fisiche causate dal lavoro di demoni e diavoli. In questo specifico caso con "infermità" mi riferisco alla degenerazione e/o alla paralisi di parti del corpo, come nel caso di coloro che sono muti, sordi, storpi, ciechi, paralizzati dalla nascita e così via.

Marco 9, dal verso 14 in poi, narra di come Gesù scacciò uno spirito "sordo e muto" da un ragazzo (v. 25) che era sordomuto a causa dello spirito malvagio dentro di lui. Quando Gesù scacciò lo spirito, il ragazzo fu immediatamente guarito.

Per lo stesso motivo, quando la causa di una malattia sono le forze delle tenebre, demoni e spiriti del male, perché il sofferente guarisca, occorre una guida precisa dello Spirito Santo. Se, ad esempio, soffre di problemi al sistema digerente, come conseguenza di un esaurimento nervoso, la causa originaria della malattia deve essere sradicata, scacciando via la forza che Satana detiene su quell'individuo. Possiamo scorgere il lavoro delle forze del male e dell'esercito delle tenebre anche in malattie come artrite e paralisi. A volte, sebbene la diagnosi medica non sia in grado di rilevare un reale problema fisico, ci sono persone che soffrono di dolori reali qui e là nel corpo. Quando prego per chi soffre in questo modo, spesso, i credenti i cui occhi spirituali sono aperti, vedono le forze delle tenebre lasciare il corpo di questi individui sotto forma di animali abominevoli.

Non solo, in aggiunta alle forze delle tenebre che causano malattie e infermità, il secondo livello di potenza di Dio, che è luce, può anche cacciare via le tenebre che agiscono nella vostra casa, nei vostri affari e nel vostro lavoro. Quando un individuo, su cui si manifesta il secondo livello della potenza di Dio visita coloro che soffrono di persecuzione spirituale in casa, che vivono guai inspiegabili a lavoro o nella propria azienda, cacciando via le tenebre, immediatamente scende la luce, portando ogni benedizione, ad ognuno secondo le proprie opere.

Anche resuscitare i morti o porre fine alla vita di qualcuno, secondo la volontà di Dio, può avvenire per mezzo del secondo

"Dio! Come è possibile? Come è possibile che io cammini?"

Kenia – Una donna anziana riprende a camminare dopo la mia preghiera

livello della potenza di Dio. I seguenti casi rientrano in questa categoria: la resurrezione di Eutico per mano dell'apostolo Paolo (Atti 20:9-12); Anania e Saffira che ingannarono l'apostolo Pietro e la conseguente maledizione che ne ha provocato la morte (Atti 5:1-11); la maledizione imposta dal profeta Eliseo sui ragazzi che lo infastidivano, che ne causò la morte (2 Re 2:23-24).

Vi sono, tuttavia, differenze fondamentali tra le opere compiute da Gesù e quelle degli apostoli Pietro e Paolo e dal profeta Eliseo. In definitiva, Dio, come Signore di tutti gli spiriti, deve acconsentire perché qualcuno viva o muoia. Tuttavia, dal momento che Gesù e Dio sono la stessa cosa, quello che Gesù voleva era ciò che anche Dio voleva. È per questo che Gesù poteva riportare indietro i morti unicamente con la sua parola (Giovanni 11:43-44), mentre gli altri, sia i profeti che gli apostoli, hanno dovuto chiedere la sua approvazione, la sua volontà, per far rivivere o rilasciare nelle braccia della morte un qualsiasi individuo.

Il terzo livello di potenza è la manifestazione del potere di Dio attraverso la "luce bianca o incolore", accompagnata da ogni tipo di segni e di opere della creazione.

Quando è all'opera il terzo livello della potenza di Dio che è

"Anche io non volevo guardare il mio
corpo così ustionato.
Quando ero sola, Lui è venuto da me,
ha steso la sua mano,
mi ha portato al suo fianco.
Per il suo amore e la sua dedizione
ora ho una nuova vita.
Non c'è nulla che non farei per il
Signore!"

Corea - Diaconessa Anziana Eundeuk Kim
Guarita da un'ustione totale del corpo di
terzo grado

luce, si manifestano segni e prodigi - guarigioni attraverso le quali i ciechi vedono, i muti parlano, i sordi odono, gli storpi si alzano e camminano, gambe disallineate vengono pareggiate, paralisi infantili o cerebrali sono del tutto guarite, parti del corpo deformate o completamente degenerate sin dalla nascita sono ripristinate, ossa frantumate vengono rimesse insieme, quelle mancanti vengono create, la lingua troppo corta cresce e i tendini vengono riconnessi. In queste manifestazioni di autorità è all'opera il potere stesso della creazione. Inoltre, a questo stadio, nessuna malattia e nessuna infermità costituiscono un ostacolo, dato che, se necessario, a questo punto, la luce dei primi tre livelli della potenza di Dio si manifesta contemporaneamente.

Finanche se qualcuno fosse ustionato dalla testa ai piedi e le sue cellule e i suoi muscoli fossero arsi, anche se la carne fosse stata cotta nell'acqua bollente, Dio può creare tutto ex-novo. Egli può dare vita a qualsiasi cosa dal nulla, pertanto, può aggiustare sia gli oggetti inanimati, come le macchine ad esempio, che le varie parti del corpo umano che non stanno bene.

Nella nostra chiesa, la Manmin Central Church, abbiamo visto con i nostri occhi parti del corpo ed organi interni gravemente danneggiati essere ripristinati, anche attraverso la preghiera sui fazzoletti o attraverso le preghiere telefoniche automatizzate. Nella guarigione di polmoni brutalmente danneggiati, nella normalizzazione di reni e fegati che necessitavano il trapianto, di certo, la potenza della creazione viene manifestata.

A questo punto, vorrei fare una precisazione. Quando la funzione di una parte del corpo che era debole viene ripristinata, questo avviene come manifestazione del primo livello della potenza di Dio. Se invece, la funzione è ripristinata su una porzione di fisico che non aveva alcuna possibilità di recupero, che, in pratica, viene riportata in vita o creata nuovamente, ciò avviene attraverso la manifestazione del terzo livello della potenza di Dio, che non è altro che il potere della creazione.

Il quarto livello di potenza della potenza di Dio, la fruizione del potere, si manifesta con "luce d'oro"

Come si può notare attraverso la manifestazione della potenza divina operata da Gesù, il quarto livello del potere divino governa tutte le cose, comprese le condizioni meteorologiche e l'obbedienza degli oggetti inanimati. In Matteo 21:19, dopo che Gesù maledice un albero di fico, leggiamo che: *"...subito il fico si seccò"*. Matteo 8 dal verso 23 in poi narra di come Gesù sgridò il vento e le onde, e tutto fu di nuovo tranquillo. Anche la natura, il vento, il mare e gli oggetti obbediscono agli ordini di Gesù.

Il Signore una volta disse a Pietro di calare le reti per pescare in direzione dell'acqua profonda, e, quando Pietro gli obbedì, catturò un così gran numero di pesci che le sue reti iniziarono a rompersi (Luca 5:4-6). In un altro momento Gesù disse, sempre a Pietro: "...và al mare, getta l'amo e prendi il primo pesce che verrà su. Aprigli la bocca: troverai uno statère. Prendilo, e dallo loro per me e per te" (Matteo 17:24-27).

Dio ha creato ogni cosa esistente con la sua Parola, e, quando Gesù ordina qualcosa all'universo, questo gli obbedisce. Gesù camminò sull'acqua - una dimostrazione di potere che Lui solo ha manifestato - a testimonianza del fatto che tutto l'universo è sotto la sua autorità.

Del resto, anche noi, quando possediamo la vera fede, siamo sicuri di ciò che speriamo, certi di ciò che non vediamo (Ebrei 11:1).

La manifestazione del quarto livello della potenza di Dio trascende il tempo e lo spazio.

Tra i vari racconti della manifestazione della potenza di Dio attraverso Gesù, molti trascendono il tempo e lo spazio. Marco, al capitolo 7, ad esempio, racconta di una donna che andò da Gesù per chiedergli di guarire sua figlia che era posseduta dal demonio. Vedendo l'umiltà e la fede della donna Gesù le disse: *"Per questa parola, va', il demonio è uscito da tua figlia"* (v. 29). Quando la donna tornò a casa, il demone non c'era più e sua figlia riposava tranquilla.

Gesù non visitava personalmente tutti i malati, tuttavia, nel

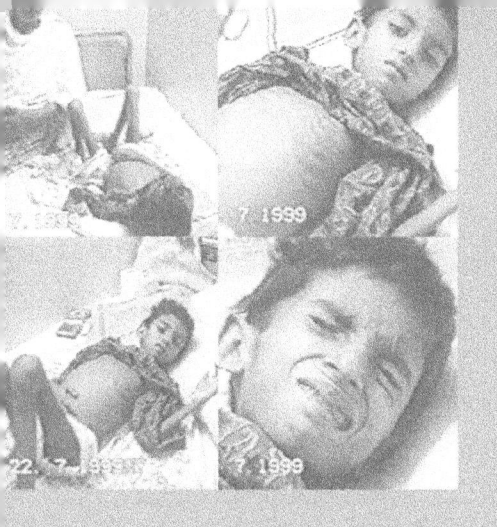

"Era così doloroso. Così doloroso! Non potevo neanche aprire gli occhi. Nessuno sapeva quello che provavo, ma il Signore sapeva tutto e mi ha guarito".

Pakistan - Cinzia
guarita da una celiachia terminale

percepire la loro fede, al suo comando avvenivano guarigioni che trascendevano tempo e spazio.

In Giovanni 14:12 Gesù ci dice: *"In verità, in verità vi dico che chi crede in me farà anch'egli le opere che faccio io; e ne farà di maggiori, perché io me ne vado al Padre"*. Proprio come Lui ci ha assicurato, nella nostra chiesa da sempre testimoniamo di opere della potenza di Dio davvero sorprendenti.

Tra queste, ad esempio, l'alterazione delle condizioni meteorologiche di un determinato luogo, come quando prego e la pioggia battente si arresta in un batter d'occhio, o le nuvole scure si ritirano o, se serve la pioggia, dopo la preghiera, il cielo da che è limpido si riempie di nuvoloni. Ci sono anche stati innumerevoli casi in cui oggetti inanimati hanno obbedito alla mia preghiera. Non solo, con la preghiera ho potuto salvare persone in pericolo di vita. Tempo fa un uomo che stava per morire a causa di un avvelenamento da monossido di carbonio - era ormai in uno stato di incoscienza - dopo uno o due minuti dalla mia preghiera si è svegliato, ora sta bene e non ha sofferto di nessun danno collaterale. Mi è capitato di pregare, anzi, di ordinare "bruciore sparisci" da ustionati di terzo grado, e la scottatura è scomparsa.

Le manifestazioni della potenza di Dio che trascendono il tempo e lo spazio avvengono tutt'oggi nel mondo, in forma abbondante ed evidente.

Voglio qui raccontare la storia di Cinzia, la figlia del reverendo Wilson John Gil, pastore della Chiesa Manmin in Pakistan, perché è particolarmente degna di nota. Cinzia soffriva di una condizione terminale, i medici avevano abbandonato ogni speranza su di lei. Il papà di Cinzia mi ha chiamato e mi ha inviato una fotografia della figlia, ed io, cha sto a Seoul, in Corea, ho pregato sulla sua foto. Nel momento in cui io pregavo per lei, a migliaia di chilometri di distanza, Cinzia si riprendeva, immediatamente.

Quando questo tipo di potenza di Dio è manifestata - guarire tutte le malattie, scacciare le forze delle tenebre, rappresentare segni e prodigi e comandare a tutte le cose di obbedire - sono a lavoro congiuntamente tutti i livelli del potere divino.

Il Potere della Creazione, il potere più alto

La Bibbia racconta le opere potenti compiute da Gesù, manifestazioni incredibili della potenza divina che sono ben al di sopra dei livelli di cui abbiamo finora parlato. Questo stadio di potenza, il potere più alto, appartiene solo al Creatore e nessun essere umano può manifestare tale potere perché viene direttamente dalla luce originale che splendeva quando Egli esisteva da solo.

In Giovanni 11 Gesù ordina a Lazzaro - che era morto da ben

quattro giorni e il cui corpo ormai puzzava terribilmente - "*«Lazzaro, vieni fuori!» Il morto uscì, con i piedi e le mani avvolti da fasce, e il viso coperto da un sudario. Gesù disse loro: «Scioglietelo e lasciatelo andare»*" (v. 43-44).

Dopo che un credente ha rimosso ogni sorta di male, quando il suo spirito è integro e si è santificato, il suo cuore assomiglierà al cuore di Dio suo Padre, ed egli potrà iniziare il suo cammino nel regno spirituale. Più conosce e padroneggia il mondo spirituale, maggiore sarà la manifestazione della potenza di Dio, la potenza stessa della Divinità, che è il più alto potere della creazione. Avvicinandosi continuativamente a Dio, compiendo il percorso di santità, anche un uomo può arrivare a manifestare il potere meraviglioso della creazione.

Per esempio, quando l'uomo spirituale e santificato comanderà a un non vedente: "Apri gli occhi!" gli occhi del cieco si apriranno immediatamente. Quando dichiarerà ad un muto: "Parla!", questo parlerà, immediatamente. Quando ordinerà ad uno storpio: "Alzati!", l'uomo paralizzato camminerà e correrà. Quando comanderà a cicatrici o a parti del corpo che sono in decomposizione di rinnovarsi, ecco che nuovi tessuti sani saranno creati.

E' Dio nell'essenza congiunta luce/voce, come esisteva da prima del tempo nella sua forma originaria di Bagliore e Suono, che compie queste cose. Quando il potere illimitato presente nel bagliore che ha dato origine alla creazione viene "tirato fuori" dal suono, la luce arriva e l'opera divina viene manifestata. Questo è l'unico modo per riportare alla vita quelli che hanno oltrepassato il confine del corso dell'esistenza come Dio l'ha stabilito, per guarire tutte le malattie e sanare le infermità che al primo, al secondo o al terzo livello di manifestazione del potere divino non vengono guarite.

Ricevere la potenza di Dio che è luce

Come si può assomigliare al cuore di Dio che è luce, ricevere la sua potenza e condurre innumerevoli persone sulla via della salvezza?

In primo luogo, oltre ad evitare ogni sorta di male e a compiere la nostra santificazione, occorre che il nostro cuore sia ripieno di ogni bene, per chiunque e sempre.

Se, ad esempio, non provi sentimenti di disagio o emozioni cattive nei confronti di un individuo che ti ha reso la vita estremamente difficile o che ti ha danneggiato, pensi che il tuo cuore sia colmo di ogni bontà? No, sappiamo che non è così. Infatti, sebbene tu non abbia né rancore né malessere e tutto sommato riesci anche a sopportare la persona in questione, al cospetto di Dio, questo è solo il primo passo vero la dolcezza integrale del cuore.

Solo quando sarai completamente colmo di bontà, infatti, parlerai e ti comporterai amorevolmente verso coloro che ti rendono l'esistenza difficile o nei riguardi di quanti ti hanno fatto del male. La bontà totale, quella in cui Dio si compiace, si realizza quando sei pronto a dare la tua vita in cambio di quella di un tuo nemico.

Gesù ha perdonato le persone che lo hanno crocifisso, non solo, ha deliberatamente dato la sua vita anche per loro, perché Egli possedeva la forma di bontà più elevata possibile. Mi piace ricordare che sia Mosè che l'apostolo Paolo erano disposti a dare la loro vita per le persone che tentavano di ucciderli.

Quando l'Onnipotente stava per distruggere il popolo di Israele dopo che Gli si era opposto costruendosi e adorando degli idoli, che si lamentava ed era in collera con Lui sebbene avesse testimoniato grandi segni e prodigi, come si comportò Mosè?

Pregò ardentemente così: "*...nondimeno, perdona ora il loro peccato! Se no, ti prego, cancellami dal tuo libro che hai scritto!*" (Esodo 32:32).

L'apostolo Paolo non era da meno. E, da come ha dichiarato in Romani 9:3: "*...perché io stesso vorrei essere anatema, separato da Cristo, per amore dei miei fratelli, miei parenti secondo la carne...*", comprendiamo che anche lui possedeva la bontà completa nel suo cuore, che è una delle ragioni per cui grandi manifestazioni della potenza di Dio lo accompagnavano sempre.

In secondo luogo, dobbiamo possedere l'amore spirituale.

Al giorno d'oggi l'amore vero è rarissimo. Sebbene molti si raccontino "ti amo", con il passare del tempo, la maggior parte di questo "amore" risulta essere solo un impulso carnale, che cambia e svanisce. L'amore di Dio, invece, è l'amore spirituale, quel sentimento profondo che giorno dopo giorno ci eleva e ci ispira, come descritto dettagliatamente in 1 Corinzi 13.

"L'amore è paziente, l'amore è gentile, l'amore non invidia..." (v. 4).

Nostro Signore ci ha perdonato ogni peccato e ogni difetto, ha aperto la strada della salvezza e resta in paziente attesa anche di coloro che non sono perdonabili. Eppure, se è vero che senza indugio siamo pronti a dichiarare il nostro amore per il Signore, non siamo forse altrettanto veloci nell'esporre i peccati e i difetti dei nostri fratelli e delle nostre sorelle? Non è forse vero che con facilità giudichiamo e condanniamo gli altri quando qualcosa o qualcuno non è di nostro gradimento? Siamo proprio certi di non essere mai stati gelosi di persone la cui vita va a gonfie vele o da cui siamo stati delusi?

E ancora: *"...l'amore non si vanta, l'amore non è*

arrogante..." (v. 5).

Anche se dall'esterno può sembrare che glorifichiamo il Signore, se il desiderio del nostro cuore è l'affermazione personale rispetto agli altri, se ci mettiamo costantemente in mostra, se ignoriamo o facciamo sempre i maestri a motivo della nostra posizione o per via dell'autorità che abbiamo, non è forse questo vantarsi ed essere arroganti?

Proseguiamo: "*...l'amore non si comporta in modo sconveniente, non cerca il proprio interesse, non s'inasprisce, non tiene conto di un torto subito*" (v. 5).

Il nostro comportamento aspro e scortese verso la gente e a volte verso Dio, il nostro cuore e la nostra mente volubile che così facilmente cambia idea, tutti gli sforzi che mettiamo in atto per essere i più grandi anche a scapito degli altri, la facilità con cui concepiamo cattivi sentimenti, la nostra tendenza a pensare cose negative del prossimo, il rancore che ci piace così tanto conservare nel cuore, tutte queste cose e di più, non rappresentano di certo amore.

L'amore, infatti: "*...non gode dell'ingiustizia, ma gioisce con la verità...*" (v. 6).

Se l'amore abita in noi, sempre e comunque la verità sarà per noi fonte di gioia e felicità. Come ci dice 3 Giovanni 1:4: "*Non ho gioia più grande di questa: sapere che i miei figli camminano nella verità"*.

Infine, l'amore *"…soffre ogni cosa, crede ogni cosa, spera ogni cosa, sopporta ogni cosa…"* (v. 7). Quelli che amano Dio sul serio, conoscono la sua volontà e quindi credono fermamente ad ogni cosa. Nell'aspettare seriamente il ritorno del nostro Signore, la risurrezione dei credenti, il premio celeste e tutto il resto, se riponiamo la nostra speranza nelle cose "di sopra", sopporteremo ogni difficoltà e ci sforzeremo di compiere la sua volontà.

Al fine di mostrare testimonianze del suo amore per coloro che obbediscono alla verità, che possiedono l'amore vero e la bontà completa, come riportato nella Bibbia, Dio che è la Luce, fa loro dono del suo potere. Egli è desidera incontrare e rispondere a tutti quelli che si sforzano di camminare nella luce.

Prego nel nome del Signor nostro Gesù Cristo che ogni lettore indaghi sé stesso e che, se necessario, sparga in mille pezzi il proprio cuore davanti a Dio; altresì prego che quanti di voi desiderano ricevere benedizioni e risposte da Lui, diventino dei vasi ad onore per sperimentare la sua potenza!

Messaggio 6
Gli occhi dei ciechi si apriranno

Gesù guarisce un cieco nato
Gli occhi dei ciechi aperti presso la Manmin Central Church

Giovanni 9:32-33

*Da che mondo è mondo
non si è mai udito
che uno abbia aperto
gli occhi a uno nato cieco.
Se quest'uomo non fosse da Dio,
non potrebbe far nulla.*

Atti 2:22. Pietro il discepolo di Gesù, dopo aver ricevuto lo Spirito Santo, predica agli ebrei citando le parole del profeta Gioele: *"Uomini d'Israele, ascoltate queste parole! Gesù il Nazareno, uomo che Dio ha accreditato fra di voi mediante opere potenti, prodigi e segni che Dio fece per mezzo di lui, tra di voi, come voi stessi ben sapete…"*. La grande manifestazione della potenza divina, i segni e i prodigi, erano tutte prove a testimonianza che quel Gesù che gli ebrei avevano crocifisso era davvero il Messia il cui arrivo era stato preannunciato dal Vecchio Testamento.

Lo stesso Pietro, inoltre, manifestò grandemente la potenza di Dio dopo aver ricevuto lo Spirito Santo. Pietro guarì un mendicante storpio, uno svariato numero di ammalati che la gente gli portava e anche gli infermi che la gente metteva sul suo cammino, distesi sopra letti e tappeti, in modo che almeno, passando, la sua ombra li toccasse e fossero guariti; (Atti 3:8 - Atti 5:15).

Dal momento che il potere è "l'attestato" che testimonia la presenza di Dio su chi lo manifesta, oltre che il modo migliore per piantare un seme di fede nel cuore dei credenti, Dio dona la sua potenza su chi e come Egli ritiene più opportuno.

Gesù guarisce un cieco nato

Il racconto di Giovanni 9 inizia con Gesù che si imbatte in un uomo cieco dalla nascita. La prima cosa che fanno i discepoli è domandare al Signore il perché di questa condizione: *"Maestro, chi ha peccato, lui o i suoi genitori, perché sia nato cieco?"* (v.2). Gesù risponde loro spiegando che l'uomo era nato cieco in modo che l'opera di Dio fosse palese nella sua vita (v.3). Dopodiché, Gesù sputa in terra, con la sua saliva fa del fango, mette questa poltiglia sugli occhi del non vedente e gli comanda: *"Và, làvati nella vasca di Siloe"* (v. 6-7). L'uomo obbedisce. Immediatamente. Va a lavarsi nella piscina di Siloe e i suoi occhi si aprono.

Gesù ha guarito molte persone, la Bibbia, infatti, è piena di siffatti racconti, ma questo episodio è differente da tutti gli altri. L'uomo, precisamente, non chiede a Gesù di essere guarito, ma è Gesù che si presenta da lui e lo guarisce.

Perché tanta abbondanza di grazia verso quest'uomo nato cieco?

Primo: l'uomo è stato obbediente.

Per una persona normale, quello che Gesù ha fatto - sputare per terra, fare del fango, mettere la fanghiglia sugli occhi e dirgli di andare a lavarsi nella piscina di Siloe - non ha alcun significato.

Il buon senso, infatti, non ci consente di credere che un perfetto sconosciuto possa arrivare, sputare, mettere la poltiglia ottenuta dalla sua saliva e dalla polvere sugli occhi di uno che è nato cieco, dirgli di andare a lavarsi in acqua pulita e, di colpo in bianco, questo qui ci vede. Inoltre, non sapendo che la persona che lo aveva appena imbrattato e gli comandava di andarsi a sciacquare era Gesù, il cieco - come la maggior parte delle persone - prevedibilmente, non solo non avrebbe creduto, ma si sarebbe anche alquanto irritato.

Eppure, quest'uomo non si comportò affatto in modo prevedibile. Appena Gesù gli ordinò di andarsi a lavare, lui obbedì e corse a risciacquarsi gli occhi nella piscina di Siloe. In ultima analisi, e sorprendentemente, questi occhi che erano rimasti chiusi dal giorno in cui era nato, si aprirono, ed ora, per la prima volta, l'uomo vedeva!

Se anche tu pensi che la parola di Dio non cammina pari passo con il buon senso umano o con l'esperienza comune, obbedisci alla sua Parola con un cuore umile come quello di questo uomo nato cieco. Allora la grazia di Dio scenderà su di te e, come gli occhi del cieco sono stati aperti, anche tu sperimenterai cose meravigliose.

Secondo: anche gli occhi spirituali del cieco furono aperti, tant'è vero che fu in grado di distinguere la verità dalla menzogna.

Dalla conversazione che il cieco nato ebbe con gli ebrei dopo essere stato guarito, possiamo dire che, sebbene i suoi occhi materiali erano fisicamente chiusi, gli occhi del cuore, quelli che gli consentivano di distinguere il bene dal male, erano aperti. Gli ebrei, al contrario, erano spiritualmente ciechi, chiusi all'interno del rigido confine della legge. Quando chiesero al cieco nato i dettagli della sua guarigione, l'uomo dichiarò arditamente: *"Quell'uomo che si chiama Gesù fece del fango, me ne spalmò gli occhi e mi disse: «Va' a Siloe e làvati». Io quindi sono andato, mi son lavato e ho ricuperato la vista"* (v. 11).

Catturati dalla loro completa incredulità, i giudei continuarono a interrogare l'ex non vedente: *"«Tu, che dici di lui, poiché ti ha aperto gli occhi?» Egli rispose: «È un profeta»"* (v. 17). L'uomo, infatti, dopo aver visto la potenza di Gesù, era certo Egli fosse da Dio. Ma, ironia della sorte, gli ebrei lo rimproverarono dicendogli: *"Dà gloria a Dio! Noi sappiamo che quest'uomo è un peccatore"* (v. 24).

La pretesa dei giudei non era forse illogica? Dio non ascolta la preghiera di un peccatore né tantomeno dona il potere di aprire gli occhi di un cieco e di ricevere la Sua gloria a un trasgressore della legge. Gli ebrei non potevano né credere, né capire tutto questo, ciononostante il cieco - che ora vedeva - imperterrito, rispose loro con grande coraggio: *"Si sa che Dio non esaudisce i peccatori; ma se uno è pio e fa la volontà di Dio, egli lo esaudisce. Da che mondo è mondo non si è mai udito che uno abbia aperto gli occhi a uno nato cieco. Se quest'uomo non fosse da Dio, non potrebbe far nulla»"* (v. 31-33).

Gli occhi nati ciechi rimangono ciechi, da sempre, quindi, chiunque veda o senta la notizia di un uomo che prima era cieco e ora ci vede, non dovrebbe gioire e festeggiare con lui? Purtroppo, i giudei, invece di rallegrarsi, incrementarono giudizio, condanna e ostilità.

Questi ebrei erano così ignoranti spiritualmente al punto di utilizzare l'opera stessa della mano di Dio per opporsi Lui. Se fossero stati saggi, avrebbero saputo ciò che la Bibbia dice, e cioè, che solo Dio può aprire gli occhi ai ciechi.

Salmo 146:8 ci ricorda che *"...il SIGNORE apre gli occhi ai ciechi, il SIGNORE rialza gli oppressi, il SIGNORE ama i giusti"*. Isaia 29:18 dice: *"In quel giorno, i sordi udranno le parole del libro e, liberati dall'oscurità e dalle tenebre, gli occhi dei ciechi vedranno"*. E ancora, Isaia 35:5: *"Allora si apriranno gli occhi dei ciechi e saranno sturati gli orecchi dei sordi"*. "Quel giorno" e "allora" sono chiari riferimenti al momento in cui Gesù è venuto e ha aperto gli occhi dei ciechi.

Nonostante gli ebrei conoscessero tutti questi passi della Legge a memoria, isolati com'erano nei loro limiti rigidi e malvagi, non potevano credere che l'opera di Dio si potesse manifestare per mezzo di Gesù. Non solo, lo accusavano anche di essere un peccatore, un trasgressore della Legge. L'uomo che era stato cieco non possedeva una grande conoscenza della

Parola, ma, nella sua buona coscienza, sapeva la verità: Dio non ascolta i peccatori.

Terzo: dopo aver ricevuto grazia da Dio, il cieco nato tornò dal Signore e decise di condurre una vita totalmente nuova.

Nel corso di tutti questi anni di ministerio, nella nostra chiesa, la Manmin Central Church, ho assistito a molti casi di gente guarita sulla soglia del trapasso. Mi rattrista, però, sapere, che alcune di queste persone - salvate letteralmente da morte certa - non hanno cambiato il proprio cuore, anche dopo aver ricevuto la grazia di Dio, mentre altri hanno addirittura abbandonato la fede e sono tornati per le vie del mondo. Quando incontrano sofferenza e agonia, molte persone vengono da me e pregano in lacrime: "...vivrò solo per il Signore una volta che sarò guarito...". Dopo aver ricevuto guarigione e benedizione, però, nel perseguimento dei loro interessi personali, abbandonano la grazia e si sviano dal cammino della verità. Magari avranno anche risolto i loro problemi fisici, ma è tutto inutile perché, se il loro spirito si è allontanato dalla strada della salvezza, si dirigono all'inferno.

Il cieco nato aveva un cuore buono e non avrebbe trascurato la grazia, ed è per questo che quando incontrò Gesù non fu solo

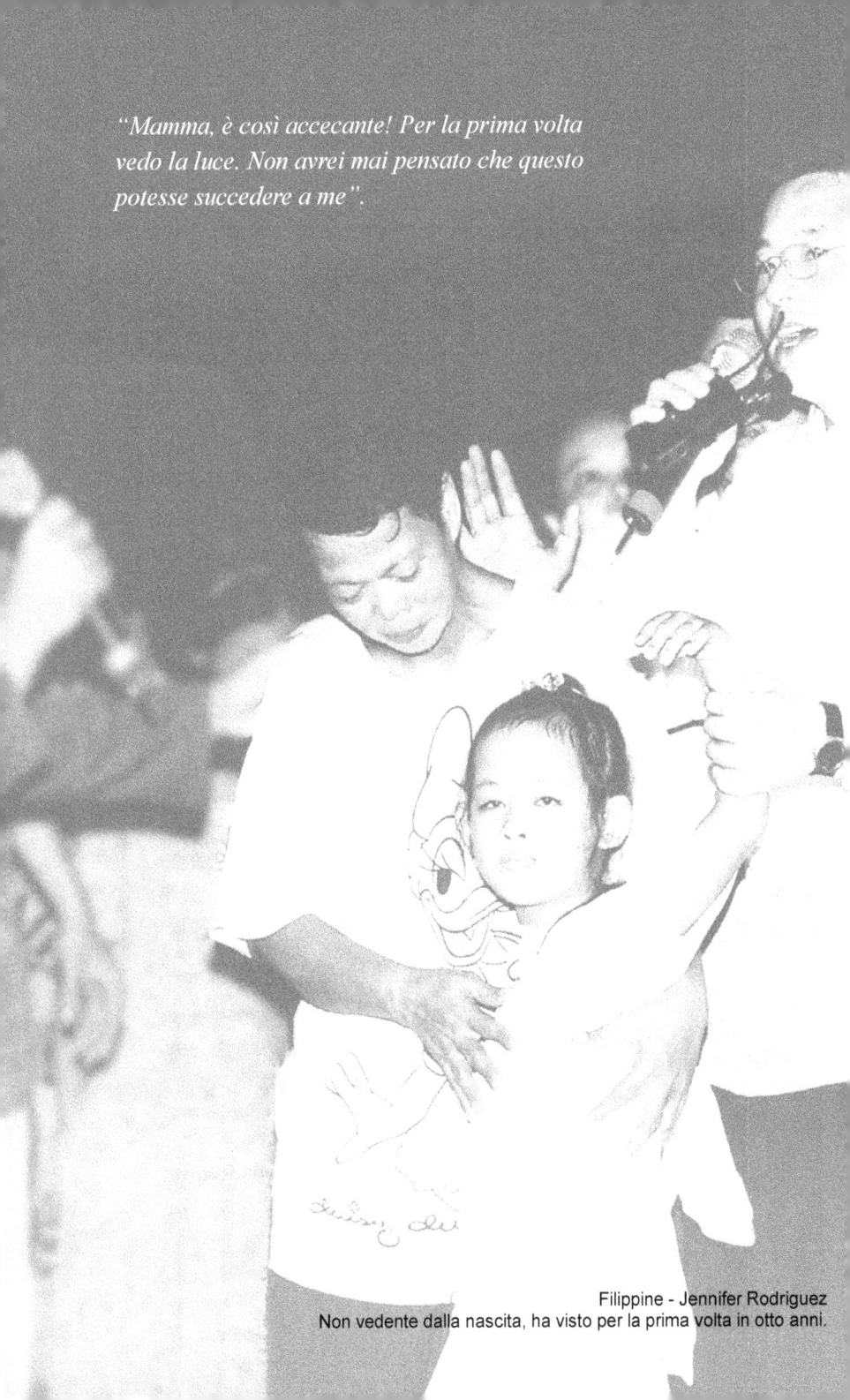

"*Mamma, è così accecante! Per la prima volta vedo la luce. Non avrei mai pensato che questo potesse succedere a me*".

Filippine - Jennifer Rodriguez
Non vedente dalla nascita, ha visto per la prima volta in otto anni.

guarito dalla cecità, ma ricevette anche la benedizione della salvezza. *"«Chi è, Signore, perché io creda in lui?»: «Tu l'hai già visto; è colui che parla con te, è lui». Egli disse: «Signore, io credo». E l'adorò."* (v. 35-38). L'uomo non ha semplicemente "creduto", ha ricevuto Gesù come il Cristo, confessò di credere e decise di seguire il Signore e vivere solo per Lui.

Dio desidera che anche noi ci presentiamo davanti a Lui con questo tipo di cuore, che lo cerchiamo non solo perché Egli guarisce le nostre malattie e ci benedice. Egli desidera che noi comprendiamo l'entità del suo vero amore, Lui non ha risparmiato il suo unigenito Figlio per noi, e desidera che riceviamo Gesù come nostro Salvatore. Inoltre, dobbiamo amarlo non solo con la bocca, ma anche con le nostre azioni osservando la parola di Dio. Egli ci dice in 1 Giovanni 5:3: *"Perché questo è l'amore di Dio: che osserviamo i suoi comandamenti; e i suoi comandamenti non sono gravosi."* Se amiamo Dio veramente, ci libereremo anche di tutto il male che è dentro di noi e cammineremo nella luce di Dio, tutti i giorni.

Quando chiediamo a Dio qualcosa, possedendo questo tipo di fede e di amore, come potrebbe non risponderci? In Matteo 7:11 Gesù ci promette: *"Se dunque voi, che siete malvagi, sapete dare buoni doni ai vostri figli, quanto più il Padre vostro, che è nei cieli, darà cose buone a quelli che gliele domandano!"*. Io so che il nostro Dio, nostro Padre, risponde alle preghiere dei suoi figli prediletti.

"Il mio cuore mi ha portato in questo posto. Desideravo la grazia e Dio mi ha fatto un regalo enorme. Ciò che mi rende più felice è aver conosciuto Dio!"

Honduras - Maria
Ha perso la vista nell'occhio destro quando aveva due anni ed è ritornata a vedere dopo aver ricevuto la preghiera del Dott. Jaerock Lee.

Pertanto, non importa di che tipo di malattia soffri o quale sia il problema che hai. Presentati a Lui e confessa dal profondo del tuo cuore: "Signore, io credo!". Nel vedere le azioni della tua fede, il Signore, che guarì un cieco nato, guarirà anche la tua condizione fisica, renderà possibile l'impossibile e risolverà tutti i problemi della tua vita.

Gli occhi dei ciechi aperti presso la Manmin Central Church

Dal giorno della sua fondazione, nel 1982, ad oggi, nella nostra chiesa, la Manmin Central Church, il nome del Signore è stato grandemente glorificato attraverso il recupero della vista di molte persone non vedenti, alcuni di cui, ciechi dalla nascita. Ma non solo, hanno ricevuto la vista anche molti altri i cui occhi si erano deteriorati e portavano gli occhiali o le lenti a contatto. Tra le molte testimonianze sorprendenti, voglio raccontarvi le seguenti.

Mi trovavo in Honduras, nel luglio 2002, dove ero stato invitato a condurre una grande crociata. Una dodicenne di nome Maria, che aveva perso la vista dall'occhio destro a causa di una febbre alta avuta all'età di due anni, venne da me per ricevere la preghiera. I genitori avevano invano fatto tutta una serie di

"I medici mi avevano detto che presto sarei diventato completamente cieco. Le immagini stavano cominciando a svanire e invece ora ci vedo! Grazie, Signore, per avermi ridato la luce. Ti ho aspettato e sei arrivato."

Honduras - Rev. Ricardo Morales
Quasi completamente cieco in seguito ad un incidente stradale ora vede di nuovo.

tentativi per ripristinarle vista, finanche il trapianto di cornea, da cui Maria non ricavò alcun beneficio. Nel decennio successivo, dopo il fallimento del trapianto, Maria non vedeva neanche più la luce attraverso l'occhio malato, che era il destro.

Maria partecipò alla crociata, io ho pregato per lei e la ragazza ha cominciato di nuovo a vedere la luce e nel giro di poco tempo, la sua vista è tornata perfettamente normale. I nervi ottici dell'occhio destro, che erano completamente morti, sono stati rivitalizzati dalla potenza di Dio. Che meraviglia è questa? Un gran numero di persone in Honduras ha celebrato ed ha esclamato: "Dio è davvero vivo e opera anche oggi!"

Desidero condividere anche un'altra storia, quella del Pastore Ricardo Morales. Era diventato quasi cieco, ma è guarito completamente dopo essersi sciacquato con l'acqua dolce Muan. Sette anni prima della Crociata in Honduras, Pastor Ricardo era stato coinvolto in un incidente stradale che gli causò una forte emorragia e il danneggiamento della retina su entrambi gli occhi. I medici gli dissero che avrebbe progressivamente perso la vista e che con il tempo sarebbe diventato cieco. Ciononostante, fu la prima guarigione il primo giorno della conferenza per leader della chiesa nel 2002, sempre in Honduras. Dopo aver ascoltato la parola di Dio, pieno di fede, il pastore Ricardo ha messo dell'acqua dolce Muan sui suoi occhi e con suo grande stupore, gli oggetti intorno a lui sono diventati sempre più chiari e nitidi, di minuto in minuto. In un primo momento, proprio perché non aveva mai visto nulla di simile, pastor Ricardo non riusciva neanche a crederci. Quella sera, con i suoi consueti occhiali, pastor Ricardo partecipò alla prima sessione della crociata. Poi, tutto ad un tratto, le lenti degli occhiali sono scivolate dalla montatura e lui ha sentito la voce dello Spirito Santo che gli diceva: "Se non ti togli gli occhiali adesso, sarai cieco". Pastor Ricardo si tolse immediatamente gli occhiali e comprese che vedeva, vedeva tutto, chiaramente. La sua vista gli è stata restituita, e pastor Ricardo ha grandemente glorificato Dio.

Un giovane di nome Kombo, un membro della Manmin Central Church in Kenya, a Nairobi, si recò a visitare il suo paese natale, che dista circa 400 km (circa 250 miglia) da Nairobi e parlò alla sua famiglia del vangelo e delle opere mirabili della potenza di Dio che hanno luogo presso la sua chiesa e quella di Seoul. Kombo pregò per i membri della sua famiglia che erano malati con un fazzoletto sul quale avevo pregato io, qui a Seul. Prima di andarsene, Kombo lasciò alla sua famiglia un calendario della chiesa, con tante belle foto.

Dopo aver ascoltato il nipote predicare il Vangelo, la nonna di Kombo, che era cieca, prese in mano il calendario e pensò tra sé e sé: "...quanto mi piacerebbe vedere una fotografia del dottor Jaerock Lee..." e iniziò a sfogliarlo. Ciò che seguì fu veramente miracoloso. Non appena la nonna di Kombo iniziò a sfogliare il calendario, i suoi occhi si aprirono e iniziò a vedere! Alleluia! La famiglia di Kombo ebbe un'esperienza diretta e immediata della potenza che apre gli occhi dei ciechi e tutti loro oggi credono nel Dio vivente. Inoltre, non appena la notizia di questo episodio si è diffusa in tutto il villaggio, la gente ha iniziato a chiedere una succursale della chiesa presso di loro.

Ci sono migliaia di chiese Manmin in tutto il mondo oggi, in tutte il potere di Dio è manifestato e il Vangelo della santità viene predicato, fino agli estremi confini della terra. Quando si riconosce e si crede nel lavoro della potenza di Dio, si diventa anche eredi delle sue benedizioni.

Come ai tempi di Gesù, anche oggi, invece di gioire e glorificare Dio, molte persone giudicano, condannano e intervengono contro l'opera dello Spirito Santo. Questo è un peccato spaventoso, come lo stesso Gesù ha detto in Matteo 12:31-32: *"Perciò io vi dico: ogni peccato e bestemmia sarà perdonata agli uomini; ma la bestemmia contro lo Spirito non sarà perdonata. A chiunque parli contro il Figlio dell'uomo, sarà perdonato; ma a chiunque parli contro lo Spirito Santo, non sarà perdonato né in questo mondo né in quello futuro".*

Al fine di non opporsi all'opera dello Spirito Santo, e sperimentare il lavoro incredibile della potenza di Dio, facciamo attenzione a riconoscere il suo lavoro, le sue opere, il suo diretto intervento, come l'uomo che era nato cieco di cui si narra in Giovanni 9. Alcuni sperimentano l'opera della potenza di Dio più di altri perché i primi si sono preparati a ricevere, sono vasi vuoti, gli altri no.

Salmo 18:25-26 ci dice, *"Tu ti mostri pietoso verso il pio, integro verso l'uomo integro; ti mostri puro con il puro e ti mostri astuto con il perverso"*.

Nel nome del Signore nostro Gesù Cristo prego che ognuno di voi sia un erede delle sue benedizioni, credendo in Dio che ci ricompensa in base alle nostre azioni e alla nostra fede.

Messaggio 7
Si alzeranno in piedi, salteranno e cammineranno

Il paralitico sente parlare di Gesù
Il paralitico e i suoi compagni arrivano davanti a Gesù
Riceviamo le risposte dopo aver risolto il problema del peccato
Il paralitico cammina per la potenza di Dio
Alzarsi, saltare, camminare
In piedi, dopo nove anni sulla sedia a rotelle
Alzarsi dalla sedia a rotelle dopo aver ricevuto la preghiera con il fazzoletto
Ganesh getta via le stampelle nel 2002, al festival di preghiera
    dei miracoli in India
Una donna si alza dalla sedia a rotelle a Dubai

Marco 2:3-12

E vennero a lui alcuni con un paralitico portato da quattro uomini. Non potendo farlo giungere fino a lui a causa della folla, scoperchiarono il tetto dalla parte dov'era Gesù; e, fattavi un'apertura, calarono il lettuccio sul quale giaceva il paralitico. Gesù, veduta la loro fede, disse al paralitico: «Figliolo, i tuoi peccati ti sono perdonati». Erano seduti là alcuni scribi e ragionavano così in cuor loro: «Perché costui parla in questa maniera? Egli bestemmia! Chi può perdonare i peccati, se non uno solo, cioè Dio?» Ma Gesù capì subito, con il suo spirito, che essi ragionavano così dentro di loro, e disse: «Perché fate questi ragionamenti nei vostri cuori? Che cosa è più facile, dire al paralitico: "I tuoi peccati ti sono perdonati", oppure dirgli: "Àlzati, prendi il tuo lettuccio e cammina"? Ma, affinché sappiate che il Figlio dell'uomo ha sulla terra autorità di perdonare i peccati, io ti dico», disse al paralitico, «àlzati, prendi il tuo lettuccio, e vattene a casa tua». Ed egli si alzò e, preso subito il lettuccio, se ne andò via in presenza di tutti; sicché tutti si stupivano e glorificavano Dio, dicendo: «Una cosa così non l'abbiamo mai vista».

La Bibbia dice che al tempo di Gesù molti paralitici, mutilati e storpi ricevevano la guarigione completa e Dio, per questo, veniva grandemente glorificato. Come Lui ci ha promesso in Isaia 35:6: *"...allora lo zoppo salterà come un cervo e la lingua del muto canterà di gioia; perché delle acque sgorgheranno nel deserto e dei torrenti nei luoghi solitari"*, e anche in Isaia 49:8: *"Nel tempo della grazia io ti esaudirò, nel giorno della salvezza ti aiuterò; ti preserverò e farò di te l'alleanza del popolo, per rialzare il paese, per rimetterli in possesso delle eredità devastate, per dire ai prigionieri: "Uscite", e a quelli che sono nelle tenebre: "Mostratevi!" Essi pasceranno lungo le vie e troveranno il loro pascolo su tutte le alture"*. Dio non solo ci risponde ma ci conduce anche alla salvezza.

Noi, oggi, possiamo testimoniare continuamente la veridicità di queste parole nella Manmin Central Church, dove per l'opera della potenza mirabile di Dio, abbiamo perso il conto degli zoppi che hanno iniziato a camminare, di quelli che si sono alzati dalla sedia a rotelle e di quanti hanno buttato via le stampelle.

Quale credete sia stata la fede con cui il paralitico di Marco 2 si è presentato davanti a Gesù per ricevere la guarigione che cercava?

Prego che quelli di voi che non sono attualmente in grado di camminare a causa di qualche malattia, si alzino, camminino e corrano di nuovo!

Il paralitico sente parlare di Gesù

Marco 2 racconta, anche abbastanza dettagliatamente, la storia di un paralitico che riceve la guarigione durante la visita di Gesù nel paese di Cafarnao. In quel villaggio viveva un uomo paralitico che non era nemmeno in grado di stare seduto autonomamente, aveva bisogno dell'aiuto degli altri per qualsiasi cosa. Possiamo dire che era vivo soltanto perché non era in grado di togliersi la vita da solo. Sentì parlare di un certo Gesù, che apriva gli occhi ai ciechi, che raddrizzava le gambe degli storpi, che scacciava gli spiriti maligni e che guariva tutti, da qualsiasi malattia. Quest'uomo, che aveva un cuore buono, nel sentire tutte queste notizie, sperava moltissimo di incontrare Gesù, un giorno o l'altro, in qualche modo.

Fu così, che a un certo punto, Gesù si trovò a passare proprio per Cafarnao, il villaggio del paralitico, che, ovviamente, venne a saperlo. Non immaginate quanto felice deve essere stato nell'apprendere questa notizia? Aveva finalmente la possibilità di incontrare Gesù. Il paralitico, tuttavia, non era in grado di muoversi per conto suo, e così, cercò tra i suoi amici quelli che lo avrebbero condotto da Gesù. Fortunatamente anche i suoi compagni sapevano chi era Gesù e cosa faceva, così decisero di aiutare il loro amico.

Il paralitico e i suoi compagni arrivano davanti a Gesù

Finalmente, il paralitico e i suoi amici arrivano nei pressi della casa in cui Gesù sta predicando, ma, a causa della grande folla che si era raccolta per ascoltarlo, non riescono ad avvicinarsi, tantomeno ad entrare. Le circostanze erano proprio contro di loro, non c'era modo di arrivare davanti a Gesù. Di certo avranno cercato di farsi spazio tra la folla al grido di: "Per favore, lasciate passare, abbiamo un uomo in condizioni critiche!", tuttavia, sia la casa che il cortile erano così pieni di gente che non c'era proprio verso di avvicinarsi. Se al paralitico e ai suoi amici fosse mancata la fede, a questo punto, dopo vari tentativi, di certo se ne sarebbero tornati a casa senza incontrare Gesù.

Ma a loro la fede proprio non mancava, tant'è vero che non si arrendono, riflettono, pensano, cercano con determinazione una soluzione per incontrare Gesù, e, come ultima risorsa, iniziano a fare un buco nel tetto della casa dove Gesù sta insegnando. Erano fermamente decisi a vedere la guarigione del loro compagno meno fortunato, per cui devono aver pensato che, alla fine di tutto, si sarebbero scusati con il proprietario e gli avrebbero pagato i danni.

La fede è sempre accompagnata da fatti, da gesti, da azioni concrete che possono essere compiute solo da chi ha un cuore umile. Se il paralitico avesse dichiarato per un centinaio di volte: "Signore, io ho fede in te, tu sai che non posso venire dove sei tu perché sono paralizzato, però credo che tu mi guarirai lo stesso, anche se resto sdraiato sul mio letto...", pensate forse che sarebbe stato guarito, che in tal modo avrebbe dimostrato la sua fede? E tu? Quante volte ti è capitato di pensare: "Anche volendo, la mia condizione fisica non mi permette di andare in chiesa oggi, quindi, Signore, aspetto la tua benedizione qui..."?

Non curante di ciò che gli sarebbe costato, il paralitico riuscì a presentarsi proprio davanti a Gesù, perché sapeva, anzi, era certo che avrebbe ricevuto la sua guarigione nel momento stesso in cui avrebbe incontrato Gesù. Ecco perché chiese con determinazione ai suoi amici di aiutarlo in questa impresa. Non solo, i suoi compagni condividevano la sua stessa fede, motivo per cui decisero di aiutare il loro amico paralizzato, anche al costo di un gesto estremo, come, ad esempio, perforare il soffitto di un perfetto sconosciuto.

Se veramente credi che davanti a Dio sarai guarito, arrivare davanti a Lui sarà la prova della tua fede. È per questo che dopo aver scavato attraverso il tetto, gli amici del paralitico lo calarono giù direttamente sulla lettiga su cui era sdraiato, proprio davanti a Gesù. In Israele, al tempo di Gesù, i tetti erano piatti e a fianco di ogni casa c'era sempre una scala che permetteva un facile accesso. Inoltre, le tegole erano facilmente asportabili. In ogni caso, queste condizioni consentirono al paralitico di portarsi davanti a Gesù più di chiunque altro.

Riceviamo le risposte dopo aver risolto il problema del peccato

In Marco 2:5 Gesù è evidentemente soddisfatto delle "gesta" del paralitico, ma, prima di guarirlo, perché il Signore gli dice: *"Figliolo, i tuoi peccati ti sono perdonati"*? Oerché il perdono dei peccati deve precedere la guarigione.

Esodo 15:26 *"Se tu ascolti attentamente la voce del SIGNORE che è il tuo Dio, e fai ciò che è giusto agli occhi suoi, porgi orecchio ai suoi comandamenti e osservi tutte le sue leggi, io non ti infliggerò nessuna delle infermità che ho inflitte agli Egiziani, perché io sono il SIGNORE, colui che ti guarisce"*. Ecco,*"le malattie che ho inflitto sugli egiziani"* si riferisce a tutte le malattie allora conosciute dall'uomo. Quando noi osserviamo i suoi comandamenti e viviamo secondo la sua Parola, Dio ci proteggerà in modo che nessuna malattia ci potrà mai affliggere. Inoltre, in Deuteronomio 28, Dio promette che, finché obbediamo e viviamo tenendo conto della sua Parola, la malattia non sarà mai un problema del nostro corpo. In Giovanni 5, dopo aver guarito un uomo malato da ben trentotto anni, Gesù gli dice: *"Ecco, tu sei guarito; non peccare più, ché non ti accada di peggio"* (v. 14).

Poiché tutte le malattie derivano dal peccato, prima di guarire il paralitico, Gesù gli diede il perdono, anche se, a presentarsi davanti a Gesù, tuttavia, non sempre si ottiene il perdono. Al fine di ricevere la guarigione, dobbiamo prima pentirci dei nostri peccati e decidere fermamente di non peccare più. Vale a dire, se sei un bugiardo, non devi mentire più, se sei un individuo che odia gli altri, non devi più odiare, e così via. Dio perdona quanti gli obbediscono e obbediscono alla sua parola. Dichiarare "io credo", non ti garantisce il perdono, infatti, Egli ci perdona quando ci mostriamo alla sua luce, che tutto illumina, per ciò che siamo, allora il su sangue ci purificherà da tutti i nostri peccati (1 Giovanni 1:7).

Il paralitico cammina per la potenza di Dio

In Marco 2, dopo aver ricevuto il perdono, il paralitico si alza, prende la lettiga su cui era arrivato ed esce sulle sue gambe, sotto gli occhi di tutti. L'uomo fu guarito dopo che Gesù gli disse: *"Figliolo, i tuoi peccati sono perdonati"* (v. 5). Invece di gioire per la guarigione, tuttavia, l'unica occupazione che impegnava gli insegnanti della legge era polemizzare. Quando Gesù pronunciò

"Figliolo, i tuoi peccati sono perdonati", loro pensavano: *"Perché costui parla in questo modo? Non sta forse bestemmiando, chi può rimettere i peccati se non solo Dio?"* (v. 7) Allora Gesù disse loro: *"Perché fate questi ragionamenti nei vostri cuori? Che cosa è più facile, dire al paralitico: «I tuoi peccati ti sono perdonati», oppure dirgli: «Àlzati, prendi il tuo lettuccio e cammina?»"* (v. 8-10). Dopo *aver*li illuminati sulla provvidenza divina, Gesù disse al paralitico: *"…io ti dico àlzati, prendi il tuo lettuccio, e vattene a casa tua"* (v. 11). L'uomo subito si alzò e se ne andò. In altre parole, il paralitico ha ricevuto la guarigione dopo aver ricevuto il perdono, vale a dire, Dio ha confermato ogni parola detta da Gesù, a riprova che Egli lo ha stabilito come Salvatore dell'umanità.

Alzarsi, saltare, camminare

In Giovanni 14:11, Gesù ci dice: *"Credetemi: io sono nel Padre e il Padre è in me; se no, credete a causa di quelle opere stesse".* Quindi, vale a dire, possiamo credere che Dio Padre e Gesù sono la stessa persona attraverso il perdono dei peccati che il Signore ha donato al paralitico ma anche per via della sua guarigione, per l'evidenza stessa del fatto che l'uomo si è alzato, ha saltato e se né andato sulle sue gambe, camminando tranquillamente.

In Giovanni 14:12, Gesù dice anche: *"In verità, in verità vi dico che chi crede in me farà anch'egli le opere che faccio io; e ne farà di maggiori, perché io me ne vado al Padre"*.

Personalmente, ho creduto alla parola di Dio al cento per cento, e, dopo essere stato chiamato a servire Dio, ho digiunato e pregato per molti e molti giorni per ricevere la sua potenza. Come conseguenza di ciò in cui io ho creduto e credo, sin dalla sua fondazione, la nostra chiesa è continuamente testimone di guarigioni di malattie rare e mortali per le quali la moderna scienza medica non è grado di fornire soluzioni.

Ogni qual volta che come chiesa abbiamo attraversato un processo di prove che conducono alla benedizione, la velocità con cui i malati ricevevano la guarigione da malattie incurabili accelerava. Attraverso le due settimane annuali delle Riunioni Speciali di Risveglio tra il 1993 e il 2004 e le Crociate che abbiamo organizzato un po' in tutto il mondo, un gran numero di persone ha sperimentato la sorprendete potenza di Dio.

Tra i numerosi casi in cui malati si sono alzati, hanno saltato e camminato, di cui siamo stati testimoni, ho estratto i seguenti racconti.

In piedi, dopo nove anni sulla sedia a rotelle

La prima testimonianza che voglio condividere con voi è quella di Yoonsup Kim, un diacono della chiesa. Nel maggio del 1990, Kim stava effettuando dei lavori all'impianto elettrico dell'edificio del Taedok Science Town, in Sud Corea, e cadde dal quinto piano. Ciò è accaduto prima che Kim conoscesse Dio.

Subito dopo la caduta fu portato all'ospedale di Sole, in Yoosung, nella provincia del Choongnam, dove restò incosciente per sei mesi. Dopo il risveglio dal coma, tuttavia, il dolore causato dalla pressione della frattura dell'undicesima e della dodicesima vertebra sul torace e dall'ernia alla quarta e alla quinta vertebra lombare, era insopportabilmente straziante. I medici dell'ospedale informarono Kim che la sua condizione era critica. Kim rimase in cura presso diverse strutture, senza alcun miglioramento o progresso, ed infine, gli fu diagnosticata un'invalidità di primo grado. Kim doveva indossare continuamente un tutore per la colonna vertebrale intorno al torace, e, poiché non poteva sdraiarsi, era costretto a dormire seduto.

In questo momento difficile della sua esistenza, Kim fu evangelizzato e venne in chiesa, dove accettò Gesù e iniziò la sua nuova vita in Cristo. Nel 1998 abbiamo tenuto delle riunioni speciali di guarigione, e in una di queste, Kim ebbe un'esperienza incredibile. Tenete conto che Kim non poteva assolutamente

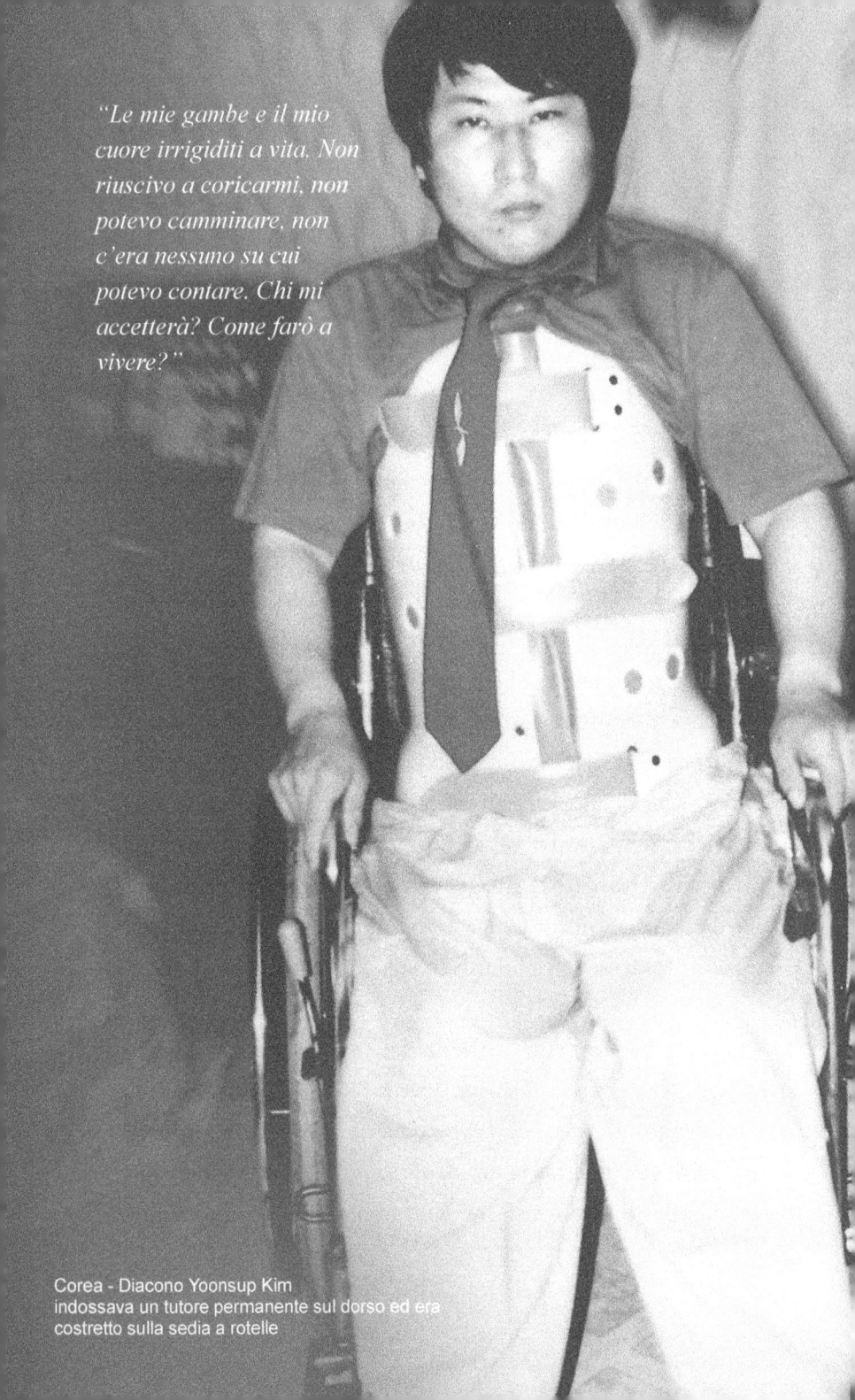

"Le mie gambe e il mio cuore irrigiditi a vita. Non riuscivo a coricarmi, non potevo camminare, non c'era nessuno su cui potevo contare. Chi mi accetterà? Come farò a vivere?"

Corea - Diacono Yoonsup Kim indossava un tutore permanente sul dorso ed era costretto sulla sedia a rotelle

"Alleluia! Dio è vivo! Vedete come cammino?"

Diacono Kim esulta con gli altri membri Manmin dopo aver ricevuto la guarigione attraverso la preghiera del Dott. Jaerock Lee

sdraiarsi o utilizzare il bagno per conto proprio, ma, dopo aver ricevuto la preghiera, fu in grado di alzarsi dalla sedia a rotelle e di camminare con le stampelle.

Al fine di ricevere la guarigione completa, il diacono Kim partecipò fedelmente a tutti i servizi di culto e alle riunioni di preghiera, inoltre, desiderando essere preparato per le due settimane annuali delle Riunioni Speciali di Risveglio che si sarebbero svolte nel maggio del 1999, diacono Kim digiunò per ventuno giorni. Durante la prima giornata di riunione, mentre pregavo per i malati dal pulpito, diacono Kim si sentì inondare da un forte raggio di luce brillante ed ebbe una visione in cui lui correva. Nella seconda settimana, ho pregato per lui imponendogli le mani, e diacono Kim ha iniziato a sentire il suo corpo che diventava più leggero. Ad un certo punto il fuoco dello Spirito Santo scese sui suoi piedi e diacono Kim fu riempito di una forza mai provata prima. Si tolse il tutore per la spina dorsale e lo gettò, buttò via anche le stampelle, e, senza difficoltà alcuna, iniziò a camminare sulle sue gambe ed a muovere i fianchi e la vita agilmente.

Ora, grazie alla potenza di Dio, diacono Kim cammina come qualsiasi altra persona, si diverte a fare lunghe passeggiate in bicicletta e serve diligentemente la chiesa. Oltre al resto, non molto tempo fa, diacono Kim si è sposato ed adesso conduce una vita veramente felice.

Alzarsi dalla sedia a rotelle dopo aver ricevuto la preghiera con il fazzoletto

Nella nostra chiesa, la Manmin Central Church, siamo frequentemente testimoni di eventi spettacolari e di miracoli straordinari, come quelli registrati nella Bibbia. In tutto ciò, Dio è glorificato ancora di più. Tra questi segni e miracoli, vi è la manifestazione della potenza di Dio attraverso i "fazzoletti".

In Atti 19:11-12 si legge che: *"Dio intanto faceva miracoli straordinari per mezzo di Paolo; al punto che si mettevano sopra i malati dei fazzoletti e dei grembiuli che erano stati sul suo corpo, e le malattie scomparivano e gli spiriti maligni uscivano"*. Allo stesso modo, quando la gente prende dei "fazzoletti" sui quali ho pregato - ma anche qualsiasi altro oggetto che è stato sul mio corpo - e li porta a dei malati, si manifestano opere di guarigione. Di conseguenza, in molti paesi e da tutto il mondo riceviamo richieste per condurre crociate del "fazzoletto". Inoltre, abbiamo ricevuto testimonianze di straordinari miracoli avvenuti in questo modo da Africa, Pakistan, Indonesia, Filippine, Honduras, Giappone, Cina, Russia, e da molte altre nazioni.

Nell'aprile del 2001, uno dei pastori della nostra chiesa ha condotto una crociata "fazzoletto" in Indonesia, in cui innumerevoli persone hanno ricevuto guarigione e l'Iddio vivente è stato glorificato. Tra di loro, vi era anche l'ex governatore dello stato che, a causa di una malattia, era su una sedia a rotelle. All'indomani della sua guarigione, attraverso la preghiera con il "fazzoletto", la notizia fece molto scalpore ed ebbe una grande esposizione mediatica.

Nel maggio del 2003, un altro pastore della nostra chiesa Manmin ha guidato una crociata "fazzoletto" in Cina. Anche in questa occasione sono stati molti i casi di guarigione, tra i quali, un uomo costretto a camminare con le stampelle da ben trentaquattro anni, che è tornato a casa sulle sue gambe.

Ganesh getta via le stampelle nel 2002, al festival di preghiera dei miracoli in India

Nel 2002, sulla spiaggia di Marina di Chennai, in India, più di tre milioni di persone si sono radunate ed hanno testimoniato in prima persona il lavoro davvero sorprendente della potenza di Dio. Molti di loro sono diventati cristiani. Prima di questa crociata, il ritmo al quale le guarigioni "ortopediche" e la "rivitalizzazione di nervi morti" progredivano era molto lento. In seguito alla crociata in India, l'avanzamento dell'opera di guarigione ha iniziato a sfidare l'assetto del corpo umano.

Tra coloro che hanno ricevuto guarigione in India desidero raccontare la storia di un sedicenne di nome Ganesh. Era caduto dalla sua bicicletta e si era fatto molto male al bacino, sul lato

"Non sento più i nove chiodi che premevano contro le mie ossa! Non potevo neanche stare in piedi a causa del dolore, ma ora cammino!"

India - Ganesh 16 anni protesi al femore e asportazione del bacino destro. Viene avanti sui suoi piedi senza le stampelle dopo aver ricevuto la preghiera del Dott. Jaerock Lee

destro. La difficile situazione finanziaria a casa gli aveva impedito di ricevere un trattamento medico adeguato. A distanza di un anno, si era sviluppato un tumore nell'osso e questo lo costrinse all'asportazione chirurgica della parte destra dell'osso pelvico. Gli fu installata una placca di metallo sottile tra il femore e le parti rimanenti del suo bacino. Il tutto fissato con nove chiodi. Il dolore dei chiodi fissati nelle ossa era così lancinante che Ganash non riusciva a camminare o a fare le scale, così iniziò a camminare solo sulle stampelle.

Non appena Ganesh sentì parlare di incontri di guarigione, decise di andarci e, infatti, sperimentò l'opera di fuoco dello Spirito Santo. Il secondo giorno della crociata, dopo aver ricevuto la "preghiera del malato", sentì un forte calore invadere il suo corpo, dal basso verso l'alto, e, in parole sue, era come se fosse stato messo in una pentola di acqua bollente. Non si sentiva più alcun dolore. Dopo, è salito sul palco dando la testimonianza della sua guarigione e da allora Ganesh non ha più sentito dolori, non utilizza più le stampelle, cammina e corre liberamente.

Una donna si alza dalla sedia a rotelle a Dubai

Nell'aprile del 2003, mentre mi trovavo a Dubai, negli Emirati Arabi Uniti, incontrai una donna di origine indiana, una signora molto intelligente - aveva studiato negli Stati Uniti ed

"*Anche se non avevo forza neanche per muovere un solo dito, sapevo che sarei guarita quando mi sarei presentata davanti al Signore. La mia speranza non è stata vana, e Dio l'ha adempiuto!*"

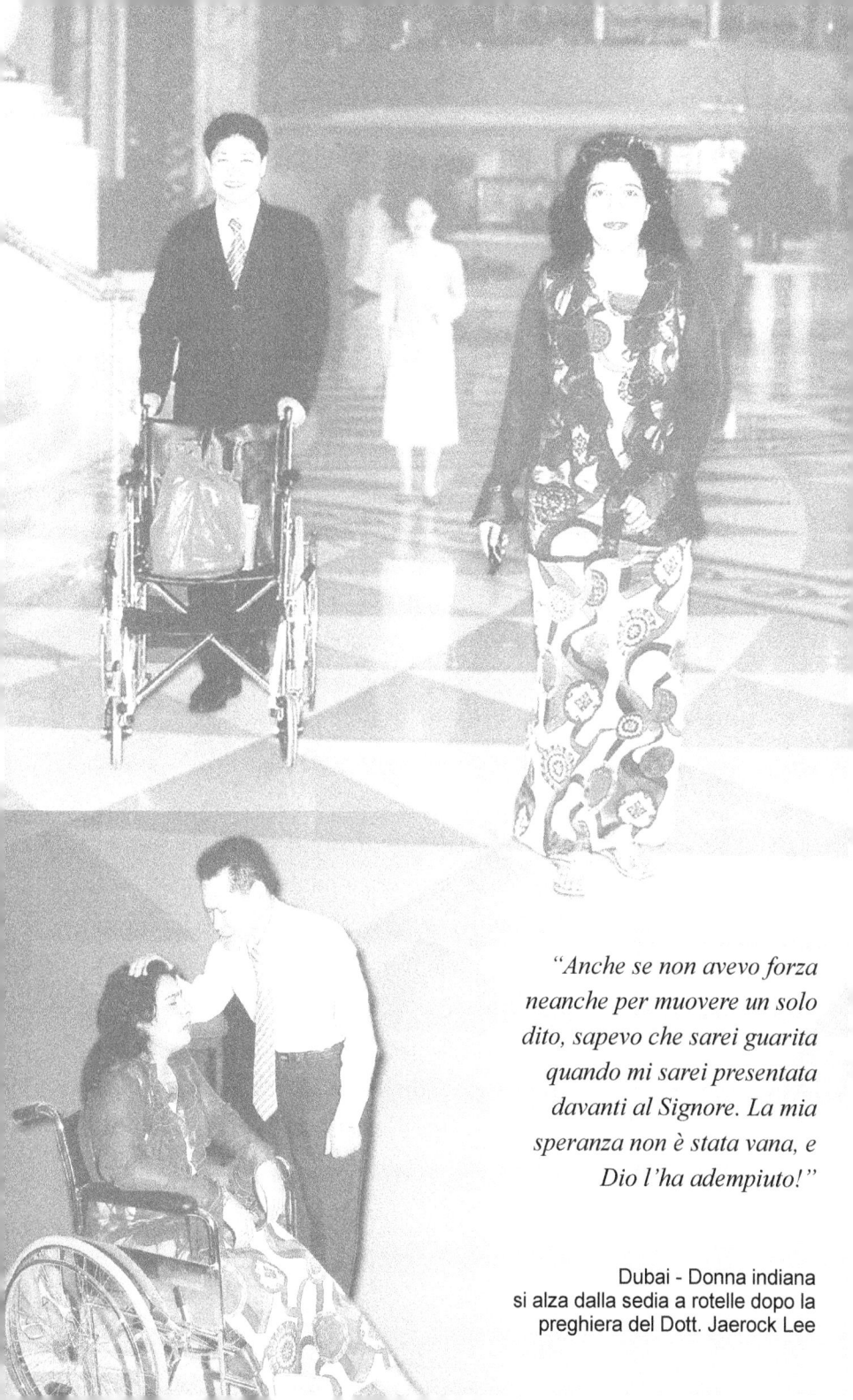

Dubai - Donna indiana si alza dalla sedia a rotelle dopo la preghiera del Dott. Jaerock Lee

era negli Emirati per lavoro - ma, a causa di problemi personali, fu colpita da una scossa mentale, che, associata ai postumi di un incidente stradale, causò grosse complicazioni.

Quando fu portata da me, non camminava e non aveva la forza di parlare. Pensate che non riuscì a prendere in mano nemmeno gli occhiali che le erano caduti quando era davanti a me. Mi disse che era così debole da poter scrivere o prendere un bicchiere d'acqua. Anche solo essere sfiorata da qualcuno le procurava dolori strazianti. Dopo la preghiera, però, si alzò immediatamente dalla sedia a rotelle! Devo dire che anche io rimasi veramente stupito dalla guarigione di questa donna che fino ad un attimo prima non aveva neanche la forza di parlare ed ora, di fronte ai miei occhi era in piedi, raccoglieva le sue cose personali e usciva dalla stanza sulle sue gambe!

Geremia 29:11 ci dice: *"Infatti io so i pensieri che medito per voi, dice il SIGNORE: 'pensieri di pace e non di male, per darvi un avvenire e una speranza'"*. Nostro Padre ci ha amato così tanto che ha dato per noi il suo unico Figlio, non si è risparmiato nulla.

Appunto per questo, anche se stai conducendo un'esistenza infelice a causa di una o più disabilità fisiche, sappi che hai speranza di vivere una vita sana e soddisfatta per la fede in Dio Padre. Lui, infatti, non vuole vedere nessuno dei suoi figli soffrire o vivere un'esistenza miserabile. Non solo, egli desidera dare a tutti la pace, la gioia, la felicità e un futuro.

Attraverso la storia del paralitico raccontata da Marco al capitolo 2, ora conoscete i modi e i metodi con cui è possibile ricevere le risposte ai desideri del vostro cuore. Possa ciascuno di voi essere un vaso fedele e ricevere tutto quello che chiede, nel nome del Signore nostro Gesù Cristo, io prego!

Messaggio 8
Si rallegreranno, danzeranno e canteranno

Gesù guarisce un sordomuto
Testimonianze di guarigioni dalla sordità nella Manmin Central Church
Guarigione da sordità congenita
Nel 2002, in India, durante il festival dei miracoli,
    Jennifer si libera definitivamente dell'apparecchio acustico
Come sperimentare la potenza che consente ai muti
    di parlare e ai sordi di udire

Marco 7:31-37

*Gesù partì di nuovo dalla regione di Tiro e,
passando per Sidone, tornò verso il mar di Galilea
attraversando il territorio della Decapoli.
Condussero da lui un sordo che parlava a stento;
e lo pregarono che gli imponesse le mani.
Egli lo condusse fuori dalla folla, in disparte,
gli mise le dita negli orecchi e con la saliva
gli toccò la lingua;
poi, alzando gli occhi al cielo, sospirò e gli disse:
«Effatà!» che vuol dire: «Apriti!»
E gli si aprirono gli orecchi; e subito
gli si sciolse la lingua e parlava bene.
Gesù ordinò loro di non parlarne a nessuno;
ma più lo vietava loro e più lo divulgavano;
ed erano pieni di stupore e dicevano:
«Egli ha fatto ogni cosa bene; i sordi li fa udire,
e i muti li fa parlare».*

"Gesù andava attorno per tutta la Galilea, insegnando nelle loro sinagoghe e predicando il vangelo del regno, guarendo ogni malattia e ogni infermità tra il popolo. La sua fama si sparse per tutta la Siria; gli recarono tutti i malati colpiti da varie infermità e da vari dolori, indemoniati, epilettici, paralitici; ed egli li guarì." (Matteo 4:23-24).

Gesù sta attraversando tutta la Galilea a piedi, insegna nelle sinagoghe e proclama il Vangelo del regno, curando ogni sorta di malattie e di infermità. La notizia rapidamente si diffonde in tutta la Siria e per questo la gente inizia a portargli ammalati affetti da varie malattie e dolori, gli indemoniati, gli epilettici, i paralitici, e Lui, li guarisce tutti.

Gesù, quindi, non solo predicava la parola di Dio e la buona notizia del regno, ma ristabiliva anche le persone che soffrivano e tutti i malati. Guarendo gli infermi da malattie su cui il potere dell'uomo era inutile, la Parola che Gesù proclamava rimaneva incisa nel cuore della gente, ed Egli li conduceva sulla via della salvezza, verso il cielo, per la fede che veniva loro creata nel cuore.

Gesù guarisce un sordomuto

Marco 7 racconta il percorso che fa Gesù, dalla città Tiro a quella di Sidone, per passare dal mare della Galilea fino ad arrivare nella Decapoli, dove guarisce un sordomuto. Se qualcuno "parla a stento" significa che è balbuziente, che farfuglia, che non riesce a parlare in modo comprensibile. L'uomo di questo passaggio probabilmente aveva imparato a parlare da piccolo ma dopo era diventato sordo e per questo ora "parlava a stento".

In generale, un "sordomuto" è qualcuno che non ha assimilato il linguaggio a causa della sua sordità. Si diviene "sordomuti" in diversi modi. Il primo di questi è l'ereditarietà. Il secondo è la rosolia - la malattia esantematica - della madre in stato interessante o per assunzione di farmaci errati, sempre in gravidanza. Il futuro bambino in entrambe le circostanze ha altissime probabilità di nascere sordomuto. Il terzo caso è una meningite cha affligge il bimbo quando ha tre o quattro anni, l'età in cui impara a parlare. Nel caso di 'bradiacusia', se il timpano è danneggiato, gli apparecchi acustici possono alleviare le difficoltà, ma se c'è un problema al nervo uditivo, non ci sarà aiuto che tenga. Altri casi di abbassamento o di perdita dell'udito si verificano quando si opera in un ambiente molto rumoroso o a causa del progredire dell'età. In queste circostanze, nessuna cura allevia l'evolversi della sordità.

Si può anche diventare sordi o muti se si è posseduti dal demonio. In tal caso, quando un individuo che ha l'autorità spirituale scaccia via gli spiriti, l'afflitto sentirà e parlerà immediatamente. In Marco 9:25-27, quando Gesù comandò: *"Spirito muto e sordo, io te lo comando, esci da lui e non rientrarvi più"* (v. 25), lo spirito maligno che rendeva muto il ragazzo lo lasciò all'istante e immediatamente il ragazzo iniziò parlare.

Dovete credere che quando Dio opera non c'è malattia o debolezza che potranno mai rappresentare un problema o una minaccia per voi. È per questo che Geremia 32:27 dice: *"Ecco, io sono il SIGNORE, Dio di ogni carne; c'è forse qualcosa di troppo difficile per me?"*. Il Salmo 100:3 ci incoraggia così: *"Riconoscete che il SIGNORE è Dio; è lui che ci ha fatti, e noi siamo suoi; siamo suo popolo e gregge di cui egli ha cura"*, mentre il Salmo 94:9 ci ricorda: *"Colui che ha fatto l'orecchio forse non ode? Colui che ha formato l'occhio forse non vede?"*. Quando dal profondo del nostro cuore crediamo in Dio Padre onnipotente che ha formato le orecchie e gli occhi, tutto è possibile. Come leggiamo in Marco 7, nel momento in cui Gesù guarisce il sordomuto, le orecchie dell'uomo si aprono e lui inizia a parlare con senso e coerenza.

Quando crediamo in Gesù Cristo e chiediamo il potere di Dio con fede matura, le stesse opere di cui leggiamo nella Bibbia, possono verificarsi anche oggi. A proposito di ciò, Ebrei 13:8 dice: *"Gesù Cristo è lo stesso ieri, oggi e in eterno"*, mentre Efesini 4:13 ci ricorda che *"fino a che tutti giungiamo all'unità della fede e della piena conoscenza del Figlio di Dio, allo stato di uomini fatti, all'altezza della statura perfetta di Cristo"*.

Tuttavia, la degenerazione delle varie parti del corpo, come la sordità o il mutismo - per intenderci, tutte quelle circostanze in cui le cellule nervose sono morte - non possono essere guarite dal dono di guarigione. Queste potranno avvenire solo quando un individuo, che ha raggiunto la misura della pienezza di Gesù Cristo e ricevuto il potere e l'autorità da Dio, prega in conformità alla sua volontà.

Testimonianze di guarigioni dalla sordità nella Manmin Central Church

Ho assistito a molti casi di guarigione di persone prive dell'udito sin dalla nascita. In particolare voglio presentarvi due storie di persone che hanno "udito per la prima volta", una dopo cinquanta anni e l'altra dopo cinquantasette anni.

Nel settembre del 2000, durante il Festival dei miracoli, a Nagoya, in Giappone, tredici persone affette da ipoacusia ricevettero la guarigione immediatamente dopo la mia preghiera.

Un canto di ringraziamento dai tanti non udenti guariti dalla loro sordità.

"Con la vita che ci hai dato, cammineremo sulla terra amando te. La nostra anima trasparente come... brama Te".

Diaconessa Napshim Park da gloria a Dio, dopo essere stata guarita da 55 anni di sorditàDiaconessa Napshim Park da gloria a Dio, dopo essere stata guarita da 55 anni di sordità

Questa notizia fece scalpore e molti non udenti in Corea parteciparono alle due settimane annuali delle Riunioni Speciali di Risveglio del 2001 a Seoul, ricevendo guarigione e glorificando Dio grandemente.

Tra di loro c'era anche una donna di 33 anni, diventata sordomuta in seguito ad un incidente avuto intorno agli otto anni. Dopo essere stato condotta in chiesa verso la fine del 2000, iniziò a credere e a prepararsi per una risposta da Dio. La donna partecipava a tutti gli "incontri di Daniele" - riunioni di preghiera mattutina che teniamo in chiesa ogni giorno - pentendosi dei suoi peccati, spargendo il suo cuore davanti al Signore e preparandosi a ricevere la sua guarigione durante le due settimane annuali di risveglio che si sarebbero svolte da lì a poco.

Alla fine delle due settimane, nell'ultima riunione, quando ho pregato per i sordomuti imponendo le mani su di loro, a lei non successe nulla. Tuttavia, non rimase delusa, anzi, seguì con profonda gratitudine le testimonianze di coloro che avevano recuperato l'udito, credendo che anche lei avrebbe potuto ricevere guarigione.

Dio considerò questa sua attitudine una profonda dimostrazione di fede e la guarigione della donna arrivò poco dopo la conclusione dell'incontro. Ho visto il lavoro della potenza di Dio manifestarsi anche dopo che l'ultima riunione era terminata ed inoltre, da lì a poco, la sorella fece un test auditivo a testimonianza della guarigione avvenuta in entrambe le orecchie.

Alleluia!

Guarigione da sordità congenita

La grandezza della manifestazione della potenza di Dio è andata crescendo, anno dopo anno. Nel 2002, in Honduras, durante la crociata di guarigione, sono state moltissime le persone sordomute che hanno recuperato l'udito e, di conseguenza, la parola. Tra questi, anche la figlia del capo del personale della sicurezza delle riunioni, guarita da sordità permanente. Lui ha lavorato così duramente per la crociata e Dio lo ha benedetto così tanto. Come dimenticare l'entusiasmo e la gratitudine di sua figlia!

Una delle orecchie di Madeline Yaimin Bartrès, una bambina di otto anni, non si era sviluppata correttamente, e per questo motivo stava perdendo l'udito. Dopo aver saputo della crociata di guarigione, Madeline pregò i genitori di portarla alle riunioni. Durante il tempo della lode e dell'adorazione Madeline sentì che una grande grazia era su di lei, e, dopo aver ricevuto la mia preghiera per i malati, ha cominciato ad udire chiaramente.

Nel 2002, in India, durante il festival dei miracoli, Jennifer si libera definitivamente dell'apparecchio acustico

Non siamo stati in grado di registrare tutte le innumerevoli testimonianze di guarigione, durante e dopo la crociata India, ciononostante, rendiamo grazie e gloria a Dio per quelle che abbiamo potuto verificare. Tra queste, c'è la storia di una ragazza di nome Jennifer, sordomuta dalla nascita. Crescendo, i medici le hanno suggerito di indossare un apparecchio acustico per migliorare almeno un po' la sua situazione, sebbene lei abbia sempre riferito che sì, con i dispositivi poteva udire, ma non bene.

La mamma di Jennifer pregava ogni giorno per la guarigione di sua figlia, finché arrivò il giorno del festival e decisero di partecipare. Madre e figlia stavano sempre sedute accanto ad uno dei due grandi speaker perché la vicinanza all'altoparlante avrebbe consentito a Jennifer, grazie all'apparecchio acustico, di percepire qualcosa, non arrecandole il disturbo che una persona normalmente percepisce se troppo vicino ad uno speaker di quella portata. L'ultimo giorno della crociata, tuttavia, la folla dei partecipanti alla riunione era numerosissima e per questo motivo non riuscirono a trovare posto vicino allo speaker. Ciò che seguì fu veramente incredibile. Non appena ho finito la preghiera per i malati dal pulpito, Jennifer disse a sua madre che il suono era troppo forte, le dava molto fastidio e le ha chiesto di rimuoverle

India - Jennifer guarita da sordità congenita e la valutazione del suo medico curante.

CHURCH OF SOUTH INDIA
Phone : 857 11 01
859 23 08

MADRAS DIOCESE
C. S. I. KALYANI MULTI SPECIALITY HOSPITAL
15, Dr. Radhakrishnan Salai, Chennai-600 004. (South India)

Ref. No. .... Date: 15/10/02

To whom it may concern

Miss Jennifer aged 5 yrs has been examined by me at CSI Kalyani Hospital for her hearing. After interacting with the child and observing her and after examining the child, I have come to the conclusion that Jennifer has definitely good hearing improvement now than before she was prayed for. Her mother's observation of her child is far more important and the mother has definitely noticed marked improvement in her child's hearing ability. Jennifer hears much better without the hearing aid, responding to her name being called where as previously she was not, without the aid

Audiogram Result: Moderate to severe sensori-neural hearing loss i.e. 50% - 70% hearing loss.

Medical Officer,
C. S. I. KALYANI GENERAL HOSPITAL

le protesi acustiche. Alleluia!

Secondo la documentazione medica, prima della guarigione, senza gli apparecchi acustici, l'udito di Jennifer non rispondeva neanche se esposto a suoni di alta intensità. In altre parole, a Jennifer mancava il 100% dell'udito, ma dopo la preghiera i medici hanno riscontrato che le era stata ristabilita una percentuale uditiva tra il 30 e il 50 per cento. Quello che segue è la valutazione del dott. Christina, l'otorinolaringoiatra che ha seguito Jennifer:

> Al fine di valutare le capacità uditive di Jennifer, all'età di 5 anni l'ho esaminata presso il C.S.I Kalyani Multi Specialty Hospital e l'ho tenuta in cura per diversi anni. Dopo le riunioni di guarigione, e dopo aver parlato con Jennifer ed averla riesaminata, ho raggiunto la conclusione che di certo vi è stato un notevole miglioramento nelle sue capacità uditive successivamente alla preghiera. Considero pertinente anche il parere della madre di Jennifer, la quale ha fatto la stessa osservazione: l'udito di Jennifer è sicuramente e drasticamente migliorato. Al momento, Jennifer può ascoltare anche senza l'ausilio degli apparecchi acustici e risponde bene quando qualcuno chiama il suo nome, cosa non possibile prima del giorno in cui è avvenuta la preghiera.

La potenza di Dio si manifesta, senza dubbio, verso tutti coloro che preparano il proprio cuore. Naturalmente, ci sono molti casi in cui le condizioni dei pazienti migliorano di giorno in giorno fino a completa guarigione, che avviene quando iniziano a condurre una vita fedele in Cristo.

Spesso, Dio non restituisce completamente l'udito in un primo momento a coloro che sono stati sordi dall'infanzia. Questo perché se iniziano a sentire bene - al 100% - da un momento all'altro, sarebbe difficoltoso resistere al fastidio della totalità dei suoni. Se invece, arrivano alla guarigione persone che hanno perso l'udito - che non sono nati privi dell'udito - Dio guarisce completamente sin da subito, perché a loro non occorre molto tempo per adeguarsi allo spettro completo dei suoni. In questi casi, le persone possono ritrovarsi un po' confuse in un primo momento, ma dopo un giorno o due, tutto si assesta e si abituano alla loro nuova capacità uditiva.

Nell'aprile 2003, durante il mio viaggio a Dubai, negli Emirati Arabi Uniti, ho incontrato una donna di trentadue anni che aveva perso la parola dopo aver sofferto di meningite cerebrale quando aveva due anni. Non appena ha ricevuto la mia preghiera, molto chiaramente la donna mi disse: "Grazie!". Ho pensato che lo avesse detto per educazione, come segno di apprezzamento, ma poi, i suoi genitori mi hanno riferito che erano passati tre decenni dall'ultima volta che la figlia aveva pronunciato la parola "grazie".

Come sperimentare la potenza che consente ai muti di parlare e ai sordi di udire

In Marco 7:33-35 è narrata la storia seguente:
"Egli lo condusse fuori dalla folla, in disparte, gli mise le dita negli orecchi e con la saliva gli toccò la lingua; poi, alzando gli occhi al cielo, sospirò e gli disse: «Effatà!» che vuol dire: «Apriti!». E gli si aprirono gli orecchi; e subito gli si sciolse la lingua e parlava bene."

"Effatà" significa "aprire" in ebraico. Quando Gesù gli ordinò 'apriti', con la voce originale che diede vita alla creazione, le orecchie dell'uomo furono aperte e la sua lingua si sciolse.

Ma perché, allora, Gesù mise le sue dita nelle orecchie dell'uomo prima di comandargli "Effatà"? Romani 10:17 ci dice: *"Così la fede viene da ciò che si ascolta, e ciò che si ascolta viene dalla parola di Cristo".* Poiché l'uomo era sordo e non poteva sentire, non era facile per lui possedere la fede, ed inoltre, non si era presentato da Gesù per ricevere guarigione di sua spontanea volontà, ma era stato portato lì da qualcuno. Quindi, premendogli le orecchie, con il tocco delle sue dita, Gesù lo aiutò a possedere la fede.

Solo quando comprendiamo il significato spirituale nascosto nei racconti in cui Gesù manifesta il potere di Dio, potremo anche noi sperimentare la Sua potenza. Quali passi, quindi, dobbiamo prendere per farsì che ciò accada?

Prima di ricevere guarigione occorre possedere la fede

Anche se in piccola misura, colui o colei che ha bisogno di ricevere la guarigione deve possedere la fede. Oggi, a differenza dei tempi in cui viveva Gesù, grazie anche al progresso della civiltà, ci sono molti mezzi, tra cui il linguaggio dei segni, con cui anche i non udenti possono conoscere il Vangelo. Da qualche anno a questa parte, appunto, nella nostra chiesa tutte le predicazioni e i messaggi vegono tradotti simultaneamente nel linguaggio dei segni. Per quanto riguarda i messaggi del passato, sono continuamente aggiornati e riportati con il linguaggio dei segni sul nostro sito web.

In ogni caso, ci sono molti altri modi, tra cui libri, giornali, riviste e video, attraverso i quali è possibile accrescere la propria fede, purché ci sia la volontà di farlo. Una volta raccolta la fede ecco che è possibile sperimentare la potenza di Dio.

Ho citato tutte queste testimonianze proprio per aiutare il lettore ad accrescere la sua fede.

Ricevere il perdono.

Perché Gesù sputò e toccò la lingua dell'uomo dopo aver

messo le dita nelle sue orecchie? Questo gesto è un simbolo spirituale del battesimo con l'acqua ed è stato necessario per il perdono dei peccati dell'uomo. Il battesimo in acqua non significa forse che attraverso la parola di Dio, che è come acqua pulita, riceviamo purificazione e perdono da ogni iniquità? Al fine di sperimentare la potenza di Dio, bisogna innanzi tutto risolvere il problema del peccato. In questo caso specifico, Gesù, simbolicamente, sostituisce l'acqua della purificazione con la sua saliva, impartendo così il perdono dei peccati al sordomuto. Isaia 59:1-2 ci dice: *"Ecco, la mano del SIGNORE non è troppo corta per salvare, né il suo orecchio troppo duro per udire; ma le vostre iniquità vi hanno separato dal vostro Dio; i vostri peccati gli hanno fatto nascondere la faccia da voi, per non darvi più ascolto".*

L'Eterno ci promette in 2 Cronache 7:14 che: *"...se il mio popolo, sul quale è invocato il mio nome, si umilia, prega, cerca la mia faccia e si converte dalle sue vie malvagie, io lo esaudirò dal cielo, gli perdonerò i suoi peccati, e guarirò il suo paese".* Al fine di ricevere risposte da Dio, è necessario sondare il proprio cuore e squarciarlo di fronte a Lui, in pentimento.

Di cosa dobbiamo pentirci?

In primo luogo, di non aver creduto in Dio e accettato

Gesù Cristo. In Giovanni 16:8 Gesù dice che lo Spirito Santo convincerà il mondo quanto al peccato, alla giustizia e al giudizio. Dovete rendervi conto che non accettare il Signore è un peccato.

In secondo luogo, di non aver amato i tuoi fratelli. Anche di questo è necessario pentirsi. 1 Giovanni 4:11 è chiarissimo: *"Carissimi, se Dio ci ha tanto amati, anche noi dobbiamo amarci gli uni gli altri"*. Se tuo fratello ti odia, invece di odiarlo, devi amarlo, essere con lui tollerante e indulgente. Ama anche il tuo nemico, cercando i suoi benefici prima dei tuoi, pensando e comportandoti come se fossi lui. Quando si arriva ad amare tutti gli uomini, Dio mostrerà la sua compassione, la sua misericordia, e il suo lavoro di guarigione.

In terzo luogo, se avete pregato per interessi egoistici, è necessario pentirsi. Dio non si compiace in coloro che pregano con motivi egoistici. Sappiatelo, Egli non vi risponderà. Da ora in poi, vi incoraggio, pregate in conformità con la volontà di Dio.

In quarto luogo, se avete pregato, ma avete dubitato o dubitate ancora, pentitevi. Giacomo 1:6-7 dice: *"Ma la chieda con fede, senza dubitare; perché chi dubita rassomiglia a un'onda del mare, agitata dal vento e spinta qua e là. Un tale* *uomo non pensi di ricevere qualcosa dal Signore"*. Di conseguenza, quando noi preghiamo, dobbiamo pregare per fede. Inoltre, come Ebrei 11:6 ci ricorda: *"Or senza fede è impossibile piacergli; poiché chi si accosta a Dio deve credere che egli è, e che ricompensa tutti quelli che lo cercano"*. Gettate via, liberatevi di tutti i vostri dubbi e chiedete per fede.

Quinto: se non avete ubbidito ai comandamenti di Dio, dovete pentirvi. Come Gesù dice in Giovanni 14:21: *"Chi ha i miei comandamenti e li osserva, quello mi ama; e chi mi ama sarà amato dal Padre mio, e io lo amerò e mi manifesterò a lui"*. Nell'osservare i suoi comandi, concretizzate il vostro amore per Dio, di conseguenza, Egli si manifesta rispondendo alle vostre richieste. A volte mi arrivano notizie di credenti coinvolti in incidenti stradali. Questo perché la maggior parte non osserva il giorno del Signore o non offre la decima interamente. Non rispettando le regole primarie e fondamentali della vita cristiana, non si rimane sotto la protezione divina. Certo, anche tra coloro che fedelmente obbediscono ai suoi comandi ci sono alcuni che sono coinvolti in incidenti stradali, a causa di errori umani o di semplice distrazione, tuttavia, questi sono protetti da Dio. In tali casi, infatti, le persone all'interno del veicolo non subiscono alcuno male, anche in caso automobili totalmente distrutte o di scontri gravissimi, questo perché Dio li ama e li protegge, mostrando così il suo amore.

Capita spesso che i non credenti ricevano guarigione immediata dopo la preghiera. Questo perché, il fatto stesso di essere arrivati in chiesa o di aver richiesto preghiera è già un atto di fede. Per questo Dio opera in loro. Al contrario, quando dei credenti posseggono la fede e conoscono la verità, ma, continuano a disobbedire ai comandamenti di Dio e non vivono secondo la sua Parola, si erge un muro tra il Signore e loro, motivo per cui non ricevono alcuna guarigione. La ragione per cui Lui opera enormemente tra i non credenti durante le crociate che facciamo all'estero è perché, per i non credenti, ascoltare il vangelo e partecipare alle riunioni stesse è considerato da sé già un'azione dettata dalla fede al cospetto di Dio.

Sesto ed ultimo punto, se non hai seminato secondo Dio, devi pentirti. Come dice Galati 6:7: *"Non vi ingannate; non ci si può beffare di Dio; perché quello che l'uomo avrà seminato, quello pure mieterà"*. Ecco perché per sperimentare la potenza di Dio, è necessario innanzi tutto frequentare i servizi di culto con diligenza. Quando semini con il tuo corpo, riceverai la benedizione della salute, e, quando semini con i tuoi beni, riceverai la benedizione della ricchezza. Se fino ad oggi hai preteso di raccogliere senza aver seminato, pentiti di fronte a Dio.

1 Giovanni 1:7 si legge: *"Ma se camminiamo nella luce,*

com'egli è nella luce, abbiamo comunione l'uno con l'altro, e il sangue di Gesù, suo Figlio, ci purifica da ogni peccato". E poi, in 1 Giovanni 1:9: *"Se confessiamo i nostri peccati, egli è fedele e giusto da perdonarci i peccati e purificarci da ogni iniquità"*. Quindi, sonda te stesso e, se necessario, pentiti, e da ora in poi, cammina nella luce.

Nel nome del Signore nostro Gesù Cristo, io prego che ognuno di voi riceva da Dio compassione e tutto quello che chiede, e che, attraverso il suo potere, riceva non solo la benedizione della salute ma anche benedizione sui propri affari, sul proprio lavoro e su ogni altra faccenda della vita!

Messaggio 9
La Provvidenza infallibile di Dio

L'Iddio d'amore desidera che ogni anima sia salvata
Il potere di Dio si estenderà ampiamente negli ultimi tempi
I segni della fine dei tempi nella Bibbia
Profezie degli ultimi tempi e la provvidenza di Dio
    per la Manmin Central Church

Deuteronomio 26:16-19

Oggi, il SIGNORE, il tuo Dio, ti comanda di mettere in pratica queste leggi e queste prescrizioni; osservale dunque, mettile in pratica con tutto il tuo cuore, con tutta l'anima tua.
Tu hai fatto dichiarare oggi al SIGNORE che egli sarà il tuo Dio, purché tu cammini nelle sue vie e osservi le sue leggi, i suoi comandamenti, le sue prescrizioni, e tu ubbidisca alla sua voce.
Il SIGNORE ti ha fatto oggi dichiarare che sarai un popolo che gli appartiene, come egli ti ha detto, e che osserverai tutti i suoi comandamenti,
affinché egli ti metta al di sopra di tutte le nazioni che ha fatte, quanto a gloria, rinomanza e splendore e tu sia un popolo consacrato al SIGNORE tuo Dio com'egli ti ha detto.

Quando richiesto di raffigurare la forma più alta d'amore possibile, molti, immediatamente, pensano all'amore dei genitori e in particolare all'amore di una madre per il figlio appena nato. Eppure, in Isaia 49:15 leggiamo: *"Una donna può forse dimenticare il bimbo che allatta, smettere di avere pietà del frutto delle sue viscere? Anche se le madri dimenticassero, non io dimenticherò te"*. Il grande amore di Dio supera anche l'amore di una madre per il proprio figlioletto appena nato.

L'Iddio d'amore brama che tutti raggiungano la salvezza, che godano della vita eterna, di ogni benedizione e del piacere del cielo. È per questo che Egli vuole che i suoi figli siano liberati dalle afflizioni, che gli sia provveduto tutto ciò che chiedono. Dio desidera, anche, condurre ognuno di noi a vivere una vita beata, non solo sulla terra, ma anche nella vita eterna che verrà.

Ora, attraverso il suo potere e le profezie che Dio ci ha rivelato nel suo amore, vorrei testimoniare della provvidenza di Dio attraverso ciò che lui ha fatto per la nostra chiesa, la Manmin Central Church.

L'Iddio d'amore desidera che ogni anima sia salvata

2 Pietro 3:3-4:

"Sappiate questo, prima di tutto: che negli ultimi giorni verranno schernitori beffardi, i quali si comporteranno secondo i propri desideri peccaminosi e diranno: «Dov'è la promessa della sua venuta? Perché dal giorno in cui i padri si sono addormentati, tutte le cose continuano come dal principio della creazione»".

La maggior parte delle persone a cui parliamo della fine dei tempi, non ci presta attenzione, non crede alle nostre parole. Proprio perché senza eccezione da che mondo è mondo il sole sorge e tramonta, gli esseri umani nascono e muoiono e la civiltà avanza, la gente, naturalmente, dà per scontato che tutto andrà avanti così per sempre.

Come c'è una fine e c'è un inizio alla vita di ogni uomo, se c'è stato un principio nella storia dell'umanità, ci sarà sicuramente anche un punto di termine. Quando arriverà il momento che Dio ha scelto, l'intero universo si troverà ad affrontare la fine. Tutti gli uomini che hanno vissuto sulla terra, da Adamo in poi, riceveranno il giudizio, e, a seconda di come hanno condotto la propria vita, entreranno in paradiso o in inferno.

Da un lato, le persone che credono in Gesù Cristo e hanno vissuto secondo la Parola di Dio, dall'altro, tutti quelli che non hanno creduto dopo essere stati evangelizzati e quelli che non hanno vissuto secondo la parola di Dio pur conoscendola, che hanno vissuto nel peccato e nel male, pur avendo confessato la loro fede nel Signore. Questo è il motivo per cui Dio brama che il Vangelo si diffonda in tutto il mondo il più rapidamente possibile, in modo che neanche un'anima si perda.

Il potere di Dio si estenderà ampiamente negli ultimi tempi

Questa è la ragione per cui Dio ci ha permesso di stabilire la Manmin Central Church e manifesta nel nostro mezzo il suo mirabile potere. Attraverso la manifestazione del suo potere, Dio fornisce la prova della sua esistenza e illumina la gente sulla realtà del cielo e dell'inferno. Come Gesù ci ha detto in Giovanni 4:48: *"Se non vedete segni e miracoli, voi non crederete"*, e soprattutto oggi, in un momento in cui peccato e male crescono e scienza e conoscenza avanzano, è tanto più necessario manifestare l'unica Potenza capace di frantumare il pensiero dell'uomo. È per questo che, proprio ora che sono gli ultimi tempi, Dio ci ha disciplinati e ci benedice con la manifestazione crescente del suo potere.

Inoltre, la coltivazione umana sta arrivando alla fine, ma, fin quando non arriverà quel momento che Dio ha scelto, la sua potenza è uno strumento necessario per portare quante più anime sulla via della salvezza. Solo attraverso il suo potere più e più persone possono, ad un ritmo crescente, essere condotte a salvezza.

A causa di persecuzioni persistenti, è estremamente difficile diffondere il Vangelo in alcune nazioni, per questo ci sono molte persone che non hanno ancora mai sentito parlare di Gesù. Inoltre tra coloro che professano la loro fede nel Signore, il numero quelli che possiedono la vera fede non è così alto come si pensa. A riprova di ciò, in Luca 18:8 Gesù ci chiede: *"Ma quando il Figlio dell'uomo verrà, troverà la fede sulla terra?"*. Molte persone frequentano una chiesa, ma, senza troppa differenza tra loro e il mondo, continuano a vivere nel peccato.

Eppure, anche in paesi e in regioni del mondo dove la persecuzione è altissima, quando i cristiani saggiano il lavoro della potenza di Dio, la fede che non teme la morte sboccia e il Vangelo si diffonde nonostante le oppressioni. Quando dei credenti che vivono nel peccato sperimentano in prima persona il potere di Dio, improvvisamente cambiano, iniziano a vivere secondo la Parola e si impossessano della vera fede.

Tra i miei viaggi missionari all'estero, ho ministrato anche in paesi dove l'evangelizzazione e la predicazione del Vangelo sono vietate per legge e la Chiesa di Cristo è perseguitata. Eppure, soprattutto in paesi come il Pakistan e gli Emirati Arabi Uniti dove l'Islam fiorisce, o in India dove la prevalenza Indù perseguita i cristiani, quando Gesù Cristo è predicato con testimonianze evidenti della sua realtà, innumerevoli anime credono in Dio e raggiungono la salvezza. Questo è vero anche tra gli adoratori di idoli, perché quando la potenza di Dio si manifesta, la gente accetta Gesù Cristo, senza paura delle ripercussioni legali che potrebbero verificarsi. Anche in questo è dimostra l'enormità del potere di Dio.

Come un contadino miete la sua messe al momento del raccolto, Dio manifesta opere mirabili del suo potere, in modo da raccogliersi quante più anime possibili, perché ricevano la salvezza negli ultimi giorni.

I segni della fine dei tempi nella Bibbia

Con la parola di Dio alla mano possiamo tranquillamente testimoniare che i giorni in cui viviamo sono gli "ultimi giorni". Certo, Dio non ci ha detto né la data né l'ora esatta della fine dell'epoca presente, ci ha dato, però, degli indizi chiari. Come è prevedibile che un acquazzone è imminente quando le nuvole si scuriscono e si ingrossano, attraverso il modo in cui la storia continua a svelarsi, i segni di cui la Bibbia parla ci permettono di prevedere che stiamo vivendo gli ultimi giorni.

Ad esempio, in Luca 21:9 e 11 sta scritto: *"Quando sentirete parlare di guerre e di sommosse, non siate spaventati; perché bisogna che queste cose avvengano prima; ma la fine non verrà subito... Vi saranno grandi terremoti, e in vari luoghi pestilenze e carestie; vi saranno fenomeni spaventosi e grandi segni dal cielo".*

In 2 Timoteo 3:1-5, leggiamo quanto segue:

"Or sappi questo: negli ultimi giorni verranno tempi difficili; perché gli uomini saranno egoisti, amanti del denaro, vanagloriosi, superbi, bestemmiatori, ribelli ai genitori, ingrati, irreligiosi, insensibili, sleali, calunniatori, intemperanti, spietati, senza amore per il bene, traditori, sconsiderati, orgogliosi, amanti del piacere anziché di Dio, aventi l'apparenza della pietà, mentre ne hanno rinnegato la potenza. Anche da costoro allontanati!".

Nel corso degli ultimi anni ci sono stati molti disastri in tutto il mondo, il cuore e i pensieri degli uomini diventano di giorno in giorno più malvagi. Ogni settimana vengo informato di notizie che riguardano eventi tragici e incidenti, e di settimana in settimana, il volume delle informazioni che ricevo aumenta costantemente. Questo significa che i disastri, le calamità e le malvagità presenti nel mondo aumentano e si amplificano.

Se da un lato gli eventi tragici aumentano, dall'altro le persone non sembrano più essere sensibili come una volta di fronte alla gravità di ciò che accade. Questo perché, confrontandosi con storie tremende e sciagure terribili su base regolare, gli individui sviluppano una forma di immunità al dolore altrui. La maggior parte delle persone non prende neanche più seriamente in considerazione la gravità dei crimini brutali, delle grandi guerre, dei disastri ambientali, e la sofferenza delle vittime coinvolte nelle atrocità o nelle calamità naturali. Questi eventi sono solo titoli proficui per i mass media. Tuttavia, a meno di non essere profondamente sensibili o direttamente coinvolti, per quasi tutti, questi episodi non sono poi così significativi e presto finiscono nel dimenticatoio.

Attraverso il modo in cui la storia va evolvendosi, le persone risvegliate, che comunicano con Dio in modo chiaro, riconoscono che l'avvento del Signore è imminente.

Profezie degli ultimi tempi e la provvidenza di Dio per la Manmin Central Church

Attraverso le profezie che Dio ha rivelato alla Manmin Central Church, possiamo dire che è davvero la fine del mondo. Dalla fondazione della chiesa ad oggi, Egli ci ha preannunciato molti avvenimenti, come i risultati delle elezioni presidenziali e parlamentari, i decessi di personaggi ben noti sia in Corea che all'estero, come molti altri eventi storici rilevanti per il mondo intero.

In molte occasioni ho trasmesso le informazioni che ricevevo sul bollettino settimanale della chiesa, oppure se i contenuti erano troppo sensibili, li rivelavo solo ad un numero ristretto di collaboratori. Negli ultimi anni, però, ho iniziato a proclamare dal pulpito le rivelazioni che di volta in volta ricevevo a riguardo della Corea del Nord, degli Stati Uniti e di altri eventi che hanno rilevanza mondiale.

Abbiamo visto adempiersi la maggior parte delle profezie, e, le profezie che devono ancora compiersi, riguardano eventi in corso o che ancora devono accadere. Un fatto notevole è che la maggior parte delle profezie riguardanti gli eventi futuri riguarda proprio gli "ultimi giorni". Tra queste profezie Egli non ha fatto mancare la promessa della sua provvidenza per la nostra chiesa. Voglio qui prendere in esame alcune di queste profezie.

Prima profezia. Rapporti tra la Corea del Nord e la Corea del Sud

Nel corso degli anni Dio ci ha rivelato molte cose a proposito della Corea del Nord, ciò è dovuto al fatto che abbiamo una vera chiamata per l'evangelizzazione della Corea del Nord. Nel 1983, Dio ci fece sapere che ci sarebbe stato un vertice tra i leader della Corea del Nord e quella del Sud e quali sarebbero state le conseguenze di questo summit. Immediatamente dopo l'incontro, la Corea del Nord avrebbe aperto le sue porte al mondo per un breve lasso di tempo. Egli ci ha reso anche noto che in questo frangente di apertura da parte della Corea del Nord, il vangelo della santità e della potenza di Dio entrerà e il paese sarà evangelizzato, Quando questo avverrà, così Lui ci ha rivelato, e i due paesi faranno una determinata dichiarazione congiunta, l'avvento del Signore sarà imminente. Il Signore mi ha anche ordinato di conservare segreto il contenuto della dichiarazione, quindi adesso non posso ancora divulgare tali informazioni.

Come molti di voi sono a conoscenza, un vertice tra i leader delle due Coree ha avuto luogo nel 2000, e, probabilmente la Corea del Nord sta iniziando a cedere alle pressioni internazionali. Da qui a non molto, la Corea del Nord aprirà le sue porte.

Seconda profezia. La chiamata per la missione mondiale

Dio ha preparato per noi una serie di crociate evangelistiche all'estero in cui decine di migliaia, centinaia di migliaia, in totale, milioni di persone si sono radunate. Egli ci ha benedetti perché fossimo in grado di evangelizzare rapidamente il mondo con la sua meravigliosa potenza. Queste crociate includono la Holy Gospel Crusade in Uganda, di cui anche la CNN ha dato notizia; la Healing Crusade in Pakistan, che ha scosso il mondo islamico ed aperto la porta per il lavoro missionario in Medio

Oriente; la Holy Gospel Crusade in Kenya in cui molti malati, anche di AIDS, sono stati guariti; la United Healing Crusade nelle Filippine in cui la potenza di Dio si è manifestata in modo esplosivo; la Miracle Healing Crusades in Honduras, dove abbiamo visto all'opera l'uragano dello Spirito Santo; l'Healing Prayer Festival Crusade in India, il paese indù più grande del mondo, dove in quattro giorni di campagna hanno partecipato alle riunioni oltre tre milioni di persone. Tutte queste crociate sono servite da preparazione per quella in Israele, che è la nostra destinazione finale.

Nel suo grande piano per la coltivazione del genere umano, Dio ha creato Adamo ed Eva, e dopo aver iniziato la vita sulla terra, l'uomo si è moltiplicato. Tra i tanti popoli Egli ha selezionato una nazione, Israele, i discendenti di Giacobbe. Attraverso la loro storia, Dio ha voluto rivelare la sua gloria e la provvidenza della coltivazione degli uomini non solo per Israele, ma anche per tutta l'umanità. Il popolo di Israele, in tal modo, è servito da modello, e la storia di Israele, che Dio stesso governa, non è solo la storia di una nazione, ma è il Suo messaggio per tutti i popoli. Inoltre, prima di completare la coltivazione del genere umano, che è iniziata con Adamo, Dio ha preposto che il Vangelo ritorni in Israele, da cui ha origine. Poter organizzare in Israele un grande evento cristiano a scopo evangelistico e celebrativo è molto difficile. Ciononostante è necessario che anche in Israele la potenza di Dio che scuote il cielo e la terra sia manifestata. Compiere questa missione che abbiamo ricevuto come Manmin Church è la nostra personale chiamata degli ultimi giorni.

Per mezzo di Gesù Cristo, Dio ha compiuto la provvidenza della salvezza del genere umano, permettendo a chiunque accetti Gesù come suo Salvatore di ricevere la vita eterna. Il popolo eletto da Dio, Israele, tuttavia, non ha riconosciuto Gesù come il Messia. Questo avverrà solo dopo che i figli di Dio saranno rapiti nell'aria, allora il popolo di Israele comprenderà la provvidenza della salvezza attraverso Gesù Cristo.

Negli ultimi giorni, Dio vuole che il popolo d'Israele si penta ed accetti Gesù come Salvatore, in modo che anche loro possano raggiungere la salvezza. Questo è il motivo per cui Dio ha chiamato la nostra chiesa alla così nobile vocazione di diffondere il vangelo della santità in Israele. Nell'aprile del 2003 abbiamo finalmente potuto istituire una sede per il lavoro missionario in Medio Oriente, in conformità alla volontà di Dio. Come chiesa Manmin ci stiamo preparando a compiere questa chiamata.

Terza profezia. La costruzione di un grande santuario

Subito dopo la fondazione della chiesa Manmin, il Signore ci ha rivelato molte cose riguardo alla sua provvidenza per gli ultimi giorni. Ci ha anche chiamati a costruire un vero e proprio Grande Santuario, dove la sua gloria sarà rivelata a tutto il mondo.

Nei tempi dell'Antico Testamento la salvezza si otteneva attraverso le opere. In questo modo, finché il peccato non veniva commesso al di fuori del cuore, chiunque poteva essere salvato. Il Tempio di dell'Antico Testamento era un luogo in cui le persone adoravano Dio portandogli dei sacrifici, come previsto dalla legge. In pratica, con le proprie opere.

Gesù è venuto e ha adempiuto la legge in amore, e ora, riceviamo la salvezza attraverso la fede in Cristo. Il tempio che Dio desidera, adesso, è il nostro cuore completamente santificato, privo di peccato e ripieno di amore per Lui. Ecco perché l'Eterno ha permesso che il tempio dell'Antico Testamento fosse distrutto, perché desidera che ognuno di noi sia un nuovo tempio, pieno di significato spirituale.

Per quanto ci riguarda, Dio ci ha chiamati a costruire un vero e proprio Grande Santuario e per questo vogliamo essere adeguati a questo compito davanti a Lui. Siamo risoluti ad essere dei figli di Dio dal cuore circonciso, santo, pulito, pieno di fede, di speranza e di amore. Quando Dio vedrà il Grande Santuario che dei suoi figli santificati hanno costruito per Lui, Egli ne sarà confortato, non solo per l'aspetto dell'edificio. Il lavoro, questo lavoro a cui Lui ci ha chiamati, è un dono che noi come suoi figli facciamo a Lui, noi che siamo il frutto delle sue lacrime, del suo sacrificio e della sua pazienza.

Il significato profondo del Grande Santuario.

Questo edificio sarà un monumento alla provvidenza di Dio verso gli uomini, ma anche un conforto verso Dio che ha mietuto un buon raccolto. Egli ha disposto che il Grande Santuario sia costruito negli ultimi giorni perché sarà una struttura monumentale che rivelerà la gloria di Dio a tutte le persone del mondo. Con un diametro di 600 metri (circa 1970 piedi) e 70 metri (230 piedi) di altezza, il Grande Santuario sarà una costruzione massiccia, realizzata con l'utilizzo di materiali meravigliosi, rari e preziosi. Ogni porzione della struttura rappresenterà decorazioni della gloria della Nuova Gerusalemme, della creazione in sei giorni e della potenza di Dio. Nel guardare al Grande Santuario la gente sarà costretta a sentire la maestà e la gloria di Dio, anche i non credenti rimarranno stupiti e riconosceranno in questo la Sua grandezza.

Infine, la costruzione del Grande Santuario rappresenta la preparazione di un'arca in cui innumerevoli anime potranno ricevere salvezza. Negli ultimi giorni, quando il peccato e il male prospereranno, come è avvenuto ai tempi di Noè, i non credenti guidati dai figli di Dio, così come Egli crederà opportuno, entreranno nel Santuario, e riceveranno la salvezza. Nel sentire le tante notizie della gloria di Dio e della manifestazione del suo potere, la gente verrà da sola per vedere con i propri occhi.

Questo sarà il luogo in cui verranno insegnati i segreti del regno spirituale, dove verrà spiegata la volontà di Dio che cerca di raccogliersi dei veri figli a sua immagine. Il Grande Santuario servirà da nucleo nella fase finale della diffusione del Vangelo in tutto il mondo prima dell'avvento del nostro Signore. Inoltre, Dio ha detto alla nostra chiesa che quando arriverà il momento di iniziare la realizzazione del Grande Santuario Egli avrebbe condotto governanti, persone facoltose e uomini di potere in nostro aiuto.

Dalla fondazione della Manmin Central Church in poi, Dio ha continuato a manifestare il suo potere in modo crescente compiendo la Sua Parola. Anche noi siamo parte della storia della chiesa, Egli ci ha stabilito e condotti fin qui al fine di compiere il suo piano universale di provvidenza. Fino al giorno del ritorno del Signore, Egli ci aiuterà nel realizzare i compiti e la chiamata che ci ha assegnato, che è di rivelare la gloria del Signore in tutto il mondo.

In Giovanni 14:11, Gesù dice così: *"Credetemi: io sono nel Padre e il Padre è in me; se no, credete a causa di quelle opere stesse"*. E anche in Deuteronomio 18:22: *"Quando il profeta parlerà in nome del SIGNORE e la cosa non succede e non si avvera, quella sarà una parola che il SIGNORE non ha detta; il profeta l'ha detta per presunzione; tu non lo temere"*. Spero che attraverso la testimonianza della potenza di Dio e delle

Il Grande Santuario

profezie manifestate nella nostra chiesa, siate incoraggiati nel riconoscere la grande provvidenza che Egli ha preparato per ogni uomo.

Nel compiere la sua volontà attraverso la Manmin Central Church negli ultimi giorni, Egli non ci ha mandato il risveglio o elargito il suo potere dalla notte alla mattina. Ci ha allenati per oltre venti anni. Come scalare una montagna alta e ripida, come navigare tra le onde alte del mare agitato, Egli ci ha più volte condotto attraverso dure prove, e, dalle persone che hanno superato quelle prove con la fede ferma, Dio ha preparato un vaso adatto alla missione mondiale.

Questo vale per ciascuno di voi. La fede con cui è possibile dimorare nella Nuova Gerusalemme non si sviluppa e non cresce in una notte.

Resta sveglio, preparati per il giorno in cui il nostro Signore ritornerà. Soprattutto, distruggi il muro del peccato che ti separa da Dio e, con fede immutabile e ardente, corri verso il cielo. Nell'avanzare verso il premio con questa attitudine tenace, Dio senza alcun dubbio benedirà la tua vita e risponderà ai desideri del tuo cuore, ma non solo, ti darà anche capacità e autorità spirituale perché tu sia usato come un vaso prezioso nella realizzazione della sua volontà negli ultimi tempi.

Prego che ognuno di voi possa tenere la propria fede accesa fino a quando il Signore ritornerà per incontrarci di nuovo nel cielo eterno e nella città di Nuova Gerusalemme!

Sull'autore
Dott. Jaerock Lee

Il Dott. Lee è nato nel 1943, a Muan, in provincia di Jeonnam, nella Repubblica della Corea. Intorno ai vent'anni iniziò a soffrire di una varietà di malattie incurabili. Dopo sette anni di sofferenza e senza alcuna speranza di guarigione, non gli restava che aspettare la morte. Un giorno, nella primavera del 1974, fu condotto in una chiesa da sua sorella e come si inginocchiò per pregare, l'Iddio vivente lo guarì immediatamente da tutte le sue malattie.

Dall'istante in cui ha incontrato l'Iddio vivente attraverso quell'esperienza meravigliosa, lo ha amato con tutto il suo cuore e tutta la sincerità di cui era capace. Nel 1978 fu chiamato ad essere un servitore di Dio. Seguì un periodo di preghiera profonda in modo da comprendere e compiere chiaramente la Sua volontà. Nel 1982, ha fondato la Chiesa Centrale del Ministerio Manmin in Seoul, Sud Corea e compiuto innumerevoli opere per mano di Dio, incluse guarigioni miracolose e molti miracoli.

Nel 1986, Il Dott. Lee è stato ordinato pastore durante la Riunione Annuale della Jesus' Sungkyul Church of Korea, e quattro anni più tardi nel 1990, i suoi sermoni cominciarono ad essere trasmessi in onda dalla Far East Broadcasting Company, dalla Asia Broadcast Station, and the Washington Christian Radio System fino in Australia, Russia, Filippine e molte altre nazioni.

Tre anni più tardi nel 1993, la Manmin Central Church è stata nominata tra le "50 Chiese più grandi del mondo" dal periodico cristiano *"Christian World Magazine"* (Stati Uniti). Inoltre, il dott. Lee ha ricevuto un Dottorato Onorario presso l'università cristiana, "Christian Faith

College", Florida, Stati Uniti e nel 1996 un Dottorato Ministeriale presso l'università teologica "Kingsway Theological Seminary", Iowa, Stati Uniti. Dal 1993 il dott. Lee ha intrapreso la direzione di una visione missionaria mondiale esplicitandola attraverso crociate all'estero, di cui alcune svoltesi a Los Angeles, Baltimora, New York (USA), Tanzania, Argentina, Uganda, Giappone, Pakistan, Kenia, Filippine, Honduras, India, Russia, Germania, Perù, Repubblica Democratica del Congo, Israele e Estonia. Nel 2002 molte riviste e giornali cristiani in Corea lo hanno definito "pastore mondiale" in riferimento al suo lavoro missionario all'estero.

Ad oggi, Maggio 2011, la Manmin Central Church è una congregazione che conta più di 120,000 membri e 9,000 chiese affiliate, nazionali ed estere, ha commissionato più di 137 missionari in 23 paesi, inclusi Stati Uniti, Russia, Germania Canada, Giappone Cina, Francia India, Kenia ed altri.

Fino a questo momento Il dott. Lee ha scritto 62 libri, inclusi i bestseller: *"Gustare la vita eterna prima della morte", "La Mia Vita, la Mia Fede", "Il Messaggio della Croce", "La Misura della Fede", "Cielo I e II", "Inferno"*, e *"Il Potere di Dio"*, tradotti in più di 62 lingue.

Il dott. Lee è attualmente fondatore e presidente di un notevole numero di organizzazioni missionarie, oltre ad essere il presidente della chiesa "United Holiness Church of Jesus Christ", delle missioni mondiali Manmin, fondatore e presidente della "Manmin TV", del "GCN", network coreano di televisioni cristiane, del "WCDN" il primo network mondiale di medici e dottori cristiani e del "MIS" il seminario internazionale del ministerio Manmin.

Altri autorevoli libri dello stesso autore

Cielo I & Cielo II

Uno schizzo dettagliato dello splendido contesto in cui vivono i cittadini celesti. Una descrizione meravigliosa del regno dei cieli.

Il Messaggio della Croce

Un insegnamento forte, per svegliare tutti quei credenti che si sono spiritualmente addormentati! In questo libro troverete perché Gesù è l'unico Salvatore, e la vera dimostrazione dell'amore di Dio.

Inferno

Un messaggio molto serio da Dio verso tutti gli uomini. Egli non vuole che neppure una sola anima cada nel profondo dell'inferno! Un racconto unico ed inedito sulla crudele realtà dell'inferno!

Gustare la vita eterna prima della morte

La testimonianza del dottor Jaerock Lee, dal momento in cui è stato salvato dalla valle dell'ombra e della morte ed è nato di nuovo fino ad oggi. Un esempio di vita cristiana

La Misura della Fede

Che tipo di dimora, che corona e quali ricompense sono state preparate per voi in cielo? Questo libro fornisce con saggezza una mappa per misurare il vostro cammino di fede e per maturare nella fede.

www.urimbooks.com

Lightning Source UK Ltd.
Milton Keynes UK
UKHW010847210622
404740UK00003B/555